9783959050630
AF372152

1 Esra

Esra ist 20 oder 40 Jahre alt, oder viel älter.

Esra ist 20 oder 40 Jahre alt, oder viel älter.

Esra arbeitet in einem Uhrengeschäft. In dem
Uhrengeschäft, in dem Esra arbeitet, gibt es zwei
Besonderheiten: Die erste Besonderheit ist, dass
die Uhren alle abgestellt sind. Immer wenn Esra
erzählt, dass sie in einem Uhrengeschäft arbeitet,
sagen die, denen Esra erzählt, dass sie in diesem
Geschäft arbeite, dass sie glauben, dass es sicher sehr
unangenehm sei, das ständige Ticken der Uhren
zu hören, was Esra sehr gut nachvollziehen kann.
Und dann sagen dieselben Leute, dass man sich ja
bestimmt daran gewöhnen würde. Aber Esra hat
sich nicht daran gewöhnt. Sie glaubt auch nicht,
dass sich jemals jemand daran gewöhnen könnte.
Sie findet die Annahme, dass man sich daran
gewöhnen könnte, genaugenommen recht blind.
Oder wenigstens unverschämt. Sie kann nicht
verstehen, wie Menschen, die jeden Tag morgens
aufstehen und abends ins Bett gehen, jeden Tag
eine bestimmte Zeit mit einer bestimmten Tätigkeit
verbringen (sie nehmen zum Beispiel die Bahn, um
irgendwo hinzukommen, sie fährt jeden Tag um
13.23 Uhr, aber eine zweite fährt um 13.47 Uhr, das
Ziel ist fast dasselbe), aber jeden Tag wie einen ganz
besonderen Tag verbringen, wie einer, der nie wieder
kommt, wie ein Sonnenaufgang keinem zweiten
gleicht, wie ein Markt immer einzigartig riecht, wie
man (im Nachhinein, natürlich) am Marktgeruch
das Datum ablesen kann, wie solche Menschen
also behaupten können, dass man sich an das Ticken
der Uhren gewöhnen könnte.
Und deshalb sind alle Uhren in dem Geschäft, in
dem Esra arbeitet, ausgeschaltet.
Das zweite Besondere ist, dass der Uhrenladen nur
nachts geöffnet hat.

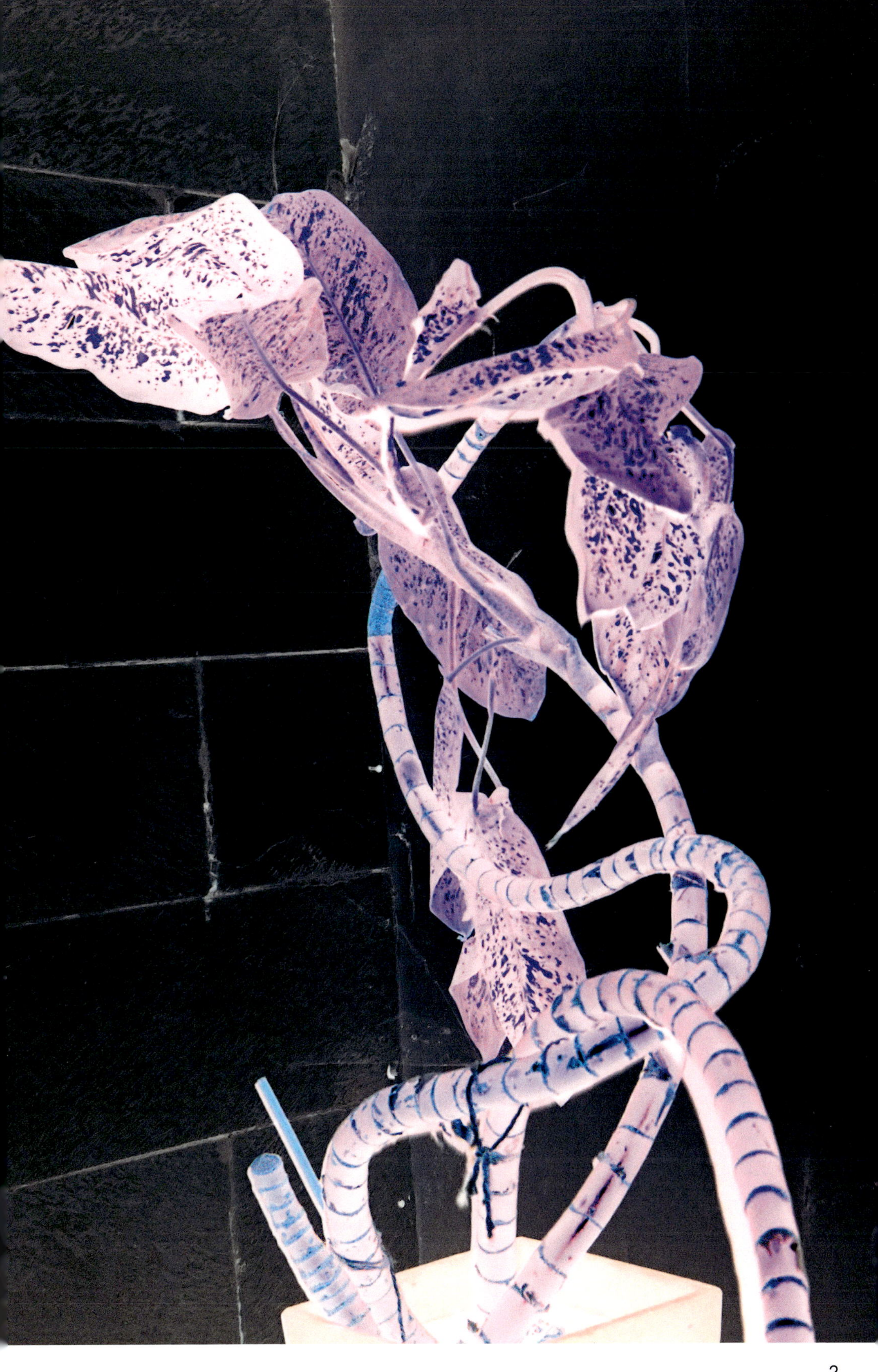

Esra war einmal im Gefängnis. Sie war Mitglied der Gruppe »Kinder der Nacht«, die einen Kult daraus gemacht haben, keine Liturgie zu haben. Keine sakralen Gegenstände oder Geräte, keine heiligen Figuren und schon gar keine Engel.
Sie beten ein Loch an, das im Wald ist und das bereits da ist, sie haben es nicht einmal selbst gegraben. Und der Wald ist kein wildwachsender Wald, sondern ein Nutzwald. Und ihr Gebet, wenn auch mantrisch vorgetragen, im Kreis, immer und immer wieder in das Loch hineingeschmettert, verehrt nicht das Loch, sondern vielmehr den Rand des Lochs, den Rand des Waldes, den Sonnenauf- und -untergang, die Mondcorona, die Luft unter den Schwingen beinahe ausgestorbener Raubvögel. Die Nacht steht nicht für das Nichts, was ja auch Quatsch wäre, sondern für den Rand der Existenz.

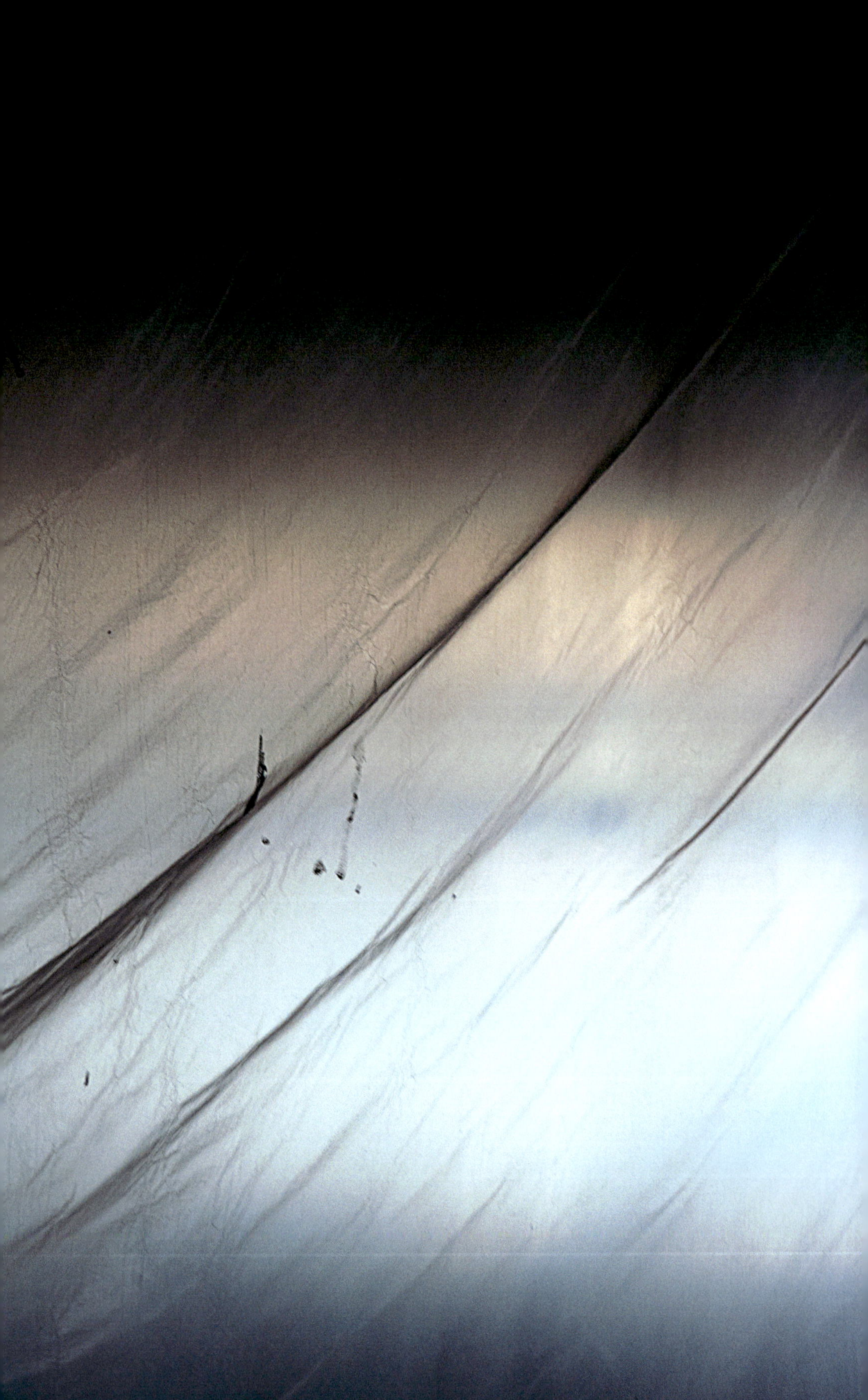

Dafür ist Esra aber nicht ins Gefängnis gekommen. Die Gruppe hat einen Kiosk ausgeraubt und Esra ist dabei erwischt worden.

Esra sitzt so da und macht nicht viel.

Wo sind sie nur hin, die Quellen und die Bilder? Und wo kommen sie her? Es gibt so viele Flüsse und so viele Strömungen und manchmal, wenn ich nicht genau darauf achte, dann ändert sich die Fließrichtung – dann ist es so, als ob sich Quelle und Mündung verkehren, miteinander den Platz tauschen und die Nebenflüsse eine entgegengesetzte Route nehmen.

Das ist und das war oft verwirrend für mich. So auch damals, als die Bilder, die Texte waren, zu mir zurückkamen und sich bewegten und tanzten, um sich letztendlich fünfundzwanzigmal zu bewegen. Aber daran hatte ich noch nicht gedacht, als sie wiederkamen.

Die Interviews, die Quellen. Ich, die Mündung. Nein, nur zunächst, nur an der Oberfläche.

Esra hat wenige Freunde. Alle, die sie hat, machen Witze darüber, dass Esra immer zu spät kommt, was einfach nicht wahr ist.

6   <u>Tokio</u>

Entspannen Sie sich. Danke, dass Sie gekommen sind.
   Danke Ihnen.

Also dann, Frage eins.
   Ok.

Wo auf der Welt würden Sie gern als Nachtwächter arbeiten?
   Hmm, Yellowknife in Canada, wo man das Nordlicht sehen kann.

Aha.   Nachtwächter dort.

Könnten Sie die Vorstellung genauer beschreiben? Um Mitternacht…?
   Naja, wie soll ich das erklären? Manchmal, sogar während der Arbeitszeit, hat man das Gefühl, als hätte man alles nur für sich, die schöne Landschaft, ein Teil davon zu sein, ist bestimmt magisch. Ich glaube, es wäre sehr befriedigend.

Wo haben Sie über diesen Ort und die Nordlichter gehört?
   Vielleicht im Fernsehen oder Internet.

Ok. Wie ist es normalerweise, wenn Sie nachts arbeiten?
   Wie das ist? Ähm …

Ach ja, das ist Frage Nummer zwei: Eine normale Arbeitsnacht
   Meinen Sie den Ort?

Eher im Vergleich zu dem idealen Ort, den Sie gerade erwähnten.
   Ach so, ok. Hm, wie das ist? Zunächst einmal ist es sehr still. Die Fabrik, wo ich arbeite, liegt an einem Bahnhof ohne Personal. Unheimlich still. Das Gelände ist nachts stockdunkel, liegt versteckt in einer sehr ruhigen Umgebung. Also, um die Nacht zu erleben und voll auszukosten, ist es ein guter Ort, denke ich.

Ok. Dann Frage drei: Wie sieht Ihr Arbeitsplatz aus, der Raum für den Nachtwächter? Irgendwelche Besonderheiten?
   Verstehe, verstehe. Naja, das ist hier die Notfallzentrale. Bei Problemen in der Fabrik oder bei Havarien ist das hier das Krisenzentrum. Also gibt es einen großen Überwachungsmonitor und einen Fernseher, der alles aufzeichnet, 24 Stunden am Tag. Es gibt auch zwei PCs und zwei Schreibtische. Also schon ein recht großer Raum, ich schätze, so um die 35 Quadratmeter. Und wir haben auch einen Ruheraum, wo wir abwechselnd schlafen. Darin steht auch ein Fernseher und eine einfache Küche mit einem kleinen Kühlschrank.

Haben Sie einen Lieblingsort auf dem Gelände? Einen Ort, wo Sie sich wohlfühlen?
   Wo ich mich wohlfühle … hm, ach ja: Unser Raum heißt Security-Raum und das Gebäude daneben hat einige Büros, wo wir neue Mitarbeiter schulen. Die Toilette in dem Gebäude.

**Esra hat einen Brief geschrieben, an
die »Kinder der Nacht«, die heute auf dem
Süllberg leben:
Ihr, ich denke an euch.**

Esra findet keine Ruhe.

Die Toilette?   Ja. Die Toilette. Weil, wie soll ich das beschreiben, sie ist von meinem Arbeitsplatz abgetrennt, da kann ich mich also entspannen. Da ist es ruhig, da geht
nicht dauernd jemand rein und raus. Also fühle ich mich da entspannt auf
dem Klo in dem Gebäude. Genau …

Haben Sie einen Ort für Ihre persönlichen Sachen?
Ja, wir haben jeder einen eigenen Spind. Genau, genau.

Ok. Weiter … Bitte nennen Sie mir die fünf wichtigsten Dinge für Ihre Arbeit als Nachtwächter.
Ok. Das ist Frage Nummer …?

Ach ja, Frage Nummer fünf.
Fünf wichtige Dinge als Nachtwächter? Mal sehen. Zunächst mal Konzentration. Konzentration ist natürlich wichtig, weil wir Sicherheitsleute sind. Wir
müssen natürlich aufpassen, dass keine verdächtigen Personen das Gelände
betreten. Aufpassen, dass so jemand nicht reinkommt. Auch die, die regel-
mäßig das Gelände betreten, wie Mitarbeiter und Kollegen von Partnerfir-
men, brauchen eine Zugangskarte. Wir müssen also prüfen, ob sie eine haben, das erfordert Konzentration. Auch Fahrzeuge im Auge behalten, die
reinkommen und allgemein Ungewöhnliches bemerken. Also braucht es
Konzentration, um ständig wachsam zu sein. Das Zweite ist Durchhaltevermögen. Wissen Sie, wir arbeiten eine 24h-Schicht, die meiste Zeit sitzend.
Solange es keine Probleme gibt und nichts Ungewöhnliches passiert, sitzen
wir die ganze Zeit nur da.

Verstehe.   Man kann dabei extrem müde werden.

Ja.   Deshalb machen wir viel, um wach zu bleiben. Bewegung, in der Pause Kaf-
fee trinken und so weiter. Das meine ich mit Durchhaltevermögen, das auszuhalten. Außerdem ist es im Winter kalt und im Sommer sehr heiß.

Gibt es eine Klimaanlage?
Wir haben eine Klimaanlage, aber die Fenster sind immer weit offen und
unser Tisch steht am Fenster. Also, obwohl wir im Büro sind, ist es fast wie
draußen zu sitzen. Und deshalb ist es extrem abhängig von Kälte oder Hitze
draußen. Das Wetter auszuhalten, ist also wichtig. Das Dritte ist Teamwork.
Wir arbeiten hauptsächlich an der Anmeldung, aber manche Sicherheitsleute patrouillieren auch. Bei unerwarteten Ereignissen gehen sie aufs Gelände, wir müssen uns also gut mit ihnen koordinieren, um die richtigen
Anweisungen zu geben oder uns zu beraten. Wir nennen das „Informieren,
weitergeben, beraten". Ich meine, Informationen über die Lage weitergeben,
kann ich nicht ganz alleine, wir müssen zusammenarbeiten. Und das vierte
ist, hm, Moment … Entscheidungsfähigkeit

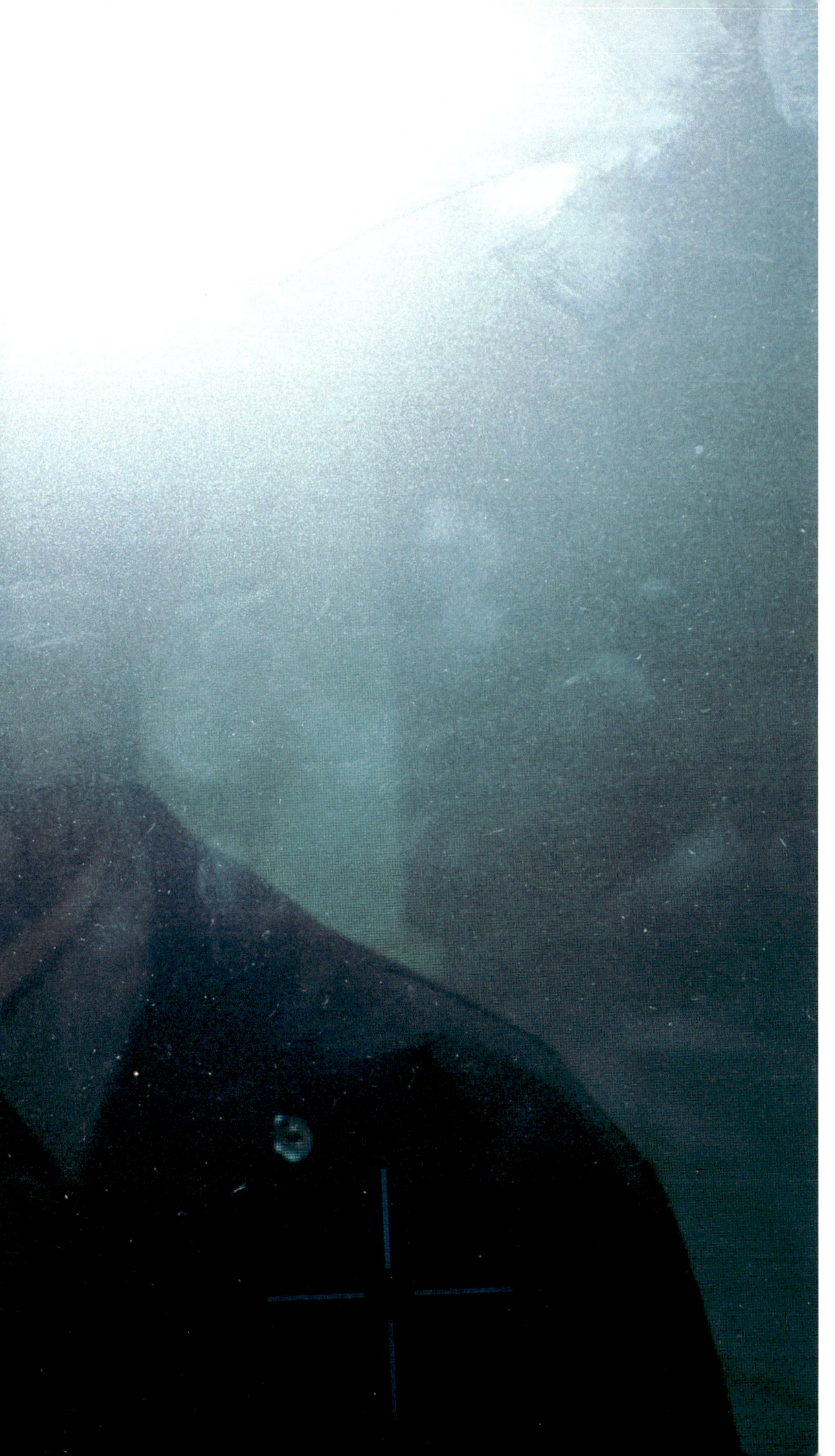

Entscheidungen?

Ja. Das gehört teilweise mit zum dritten Punkt. Wir haben zum Beispiel Handbücher, Anweisungen, die vorschreiben, wie wir mit bestimmten Situationen, Besuchern etcetera umgehen sollen. Aber im echten Leben kann man nicht nur dem Handbuch folgen. Wir müssen flexibel auf jede Person und jede Situation eingehen. Sowas wie „Ich muss genau hinhören, was diese Person sagt", oder „Ich muss dieser Person alles genauer erklären, was diese Person versteht." Egal ob im Kleinen oder im Großen, wir müssen immer den Einzelfall betrachten, damit wir richtig entscheiden und keine Probleme oder Missverständnisse verursachen. Dieses „Je-nach-Situation-entscheiden-können" ist wichtig. Wie man etwas sagt, wäre ein Beispiel. Je nach Formulierung und Verhalten geht manches mit einigen Besuchern gut, andere dagegen könnten beleidigt sein. Es ist also sehr wichtig, auf die richtige Art zu kommunizieren, je nachdem, mit wem man spricht. Das Fünfte ist Kommunikationsfähigkeit, wie man eine Botschaft rüberbringt.

Botschaft?

Das bezieht sich auf Teamwork, das sagte ich vorhin. Bei Geschehnissen, Unfällen oder sonstigen Problemen muss ich dem nächsten 24-Stunden-Team Bericht erstatten. Ich bin also nicht der Einzige mit 24-Stunden-Schichten. Ich hab ja gesehen, worüber ich berichten muss, ich weiß, worum es geht. Aber dem anderen Team muss ich alles erzählen, detailliert und präzise, denn sie haben es ja nicht selbst erlebt. Wie und was erzähle ich ihnen, so dass es verständlich ist, und was berichte ich meinem Chef? Die klassischen W-Fragen: Wer, wie, wo? Bei solchen detaillierten Informationen ist die kommunikative Fähigkeit, die Botschaft zu übermitteln, entscheidend.

Verstehe. Und da Sie nachts arbeiten, müssen mehr Dinge beachtet werden als tagsüber, richtig?

Ja

Jetzt geht's weiter mit Frage, ach, das war Frage vier. Also jetzt Frage fünf.

Ok.

Ja, Entschuldigung. Schon mal einen Notfall oder einen überraschenden Vorfall erlebt?

Ja. Einmal hatten wir Schweröl überall auf dem Gelände.

Wie … ist das passiert?

Ich glaube, es war Fahrlässigkeit eines Lkw-Fahrers. Der Tankdeckel war nicht geschlossen und das Öl trat beim Fahren aus. Der Lkw fuhr offenbar übers ganze Gelände, überall war verschüttetes Öl. Unser Fabrikgelände steht auf eingedeichtem Land. Das Öl hätte also ins Meer gelangen und die Umwelt verschmutzen können, das darf auf keinen Fall passieren. Also sind alle Fabrikarbeiter mit Spülmittel auf dem Gelände herumgerannt, um das Öl zu neutralisieren.

Wer hat es bemerkt?

Das Personal in der Zone, wo der Lkw anliefern sollte. Als der Anruf kam, war klar: Das ist ein Notfall. Und, dass wir mehr Leute als nur unsere Abteilung brauchen würden. Also haben wir die anderen Abteilungen informiert und um Hilfe gebeten. Alle sind mit Spülmittel rausgelaufen. Ja, mit Spülmittel.

Gab es andere Vorfälle, zum Beispiel Fremde auf dem Gelände?

Oh ja, mal nachdenken … wir haben viele betrunkene Besucher, zum Beispiel einen sehr betrunkenen und sehr hartnäckigen alten Mann. Wir sagten: „Das ist Fabrikgelände." Aber er sagte: „Nein, ich wohne hier!" Er war extrem stur. Wir haben oft Betrunkene, die reinwollen, aber wenn die Security sagt „Das ist Fabrikgelände", verstehen sie das normalerweise und ge-

Kermet

Kermet glaubt an Gott. So stellt Esra ihn vor.
»Hi, das ist Kermet, Kermet glaubt an Gott.«
Dann hat sie sich zu den anderen gedreht und gesagt:
»Das ist Frida, Michelle, Bo, Hanna und die
dahinten ist Rike. Hier glaubt keiner an Gott.«
Kermet glaubt zwar, dass es irgendwas gibt, aber er
hat sich in Wirklichkeit nie Gedanken über Gott oder
dieses Irgendwas gemacht. Dass es irgendwas geben
könnte, schien Kermet der Weg des geringsten
Widerstandes. Keine Diskussion, jeder darf glauben,
was er will, irgendwas gibt es.
Was Frida, Michelle, Bo, Hanna, Rike und sogar Esra
denken, das ist Kermet nicht gerade egal, aber doch
ziemlich unwesentlich für ihn.

Es beginnt mit mit leichter, leiser, seichter Musik im Hintergrund, aber das fällt mir erst später auf. Deshalb beginnt es eigentlich mit einem Lachen von, ich glaube, es sind drei Personen. Aber das würde dann nicht mehr mit meiner Projektion übereinstimmen, die ich im Nachhinhein hatte und die sich in meinem Kopf festge-brannt hat. Die Projektion sieht eine Szene vor, die es so gar nicht hätte geben dürfen und ist durch einen Zeitungsartikel beeinflusst, den ich eine Weile vorher oder nachher, ich weiß es nicht mehr, gelesen habe. Ein Date. Ganz klar, in einem Restaurant. Lachen, die zweite Frage wird wieder mit einem Lachen begonnen. Die leise, leichte, seichte Jazzmusik ist im Hintergrund als feines Muster einer Tapete wahrnehmbar. Nun steht vor dieser Tapete eine Orchidee. Zustimmung, durchgängige Zustimmung. Interesse. Flirt? Flirt.

Zeitungsartikel, beeinflusse mich nicht. Wie kann ich ihn abstellen, den Artikel?

Traum von einem anderen Leben spielt ein Anzug eine besondere Rolle. Es ist ein Einreiher, der einzige Anzug

Ruhige Atmosphäre, manchmal ist Tellerklappern zu hören. Vorher werden sie gegessen haben. Sind sie bei jemandem Zuhause? Bei ihr? Das wäre sehr privat? Ein Flirt? Meine Projektion ruft mir zu: ein Flirt! Miles Davis? Sie sind in einer privaten Umgebung. Vielleicht deshalb das offene Gespräch über Ängste, Lieblingsorte, Fantasien.

fragt sich, wie es wäre, mit einer Freundin zu Abend zu essen statt mit den Eltern. Wäre der Geschmack der Speisen anders? Seine Gedanken kreisen

Er findet es nicht gerade ärgerlich, dass er nun weiß, was alle glauben, aber störend. Kermet würde im Grunde lieber ein Bier nehmen.

hen, aber er nicht. Er war extrem stur. Er sagte immer wieder „Nein, ich wohne hier!", setzte sich hin und bewegte sich nicht vom Fleck. Bei dem Vorfall mussten wir die Polizei rufen und ihn wegbringen lassen. Ein anderes Mal hatten wir hier ein Mädchen, gerade so um die 20. Ihre Kleidung war zum Teil zerrissen, man sah ihre Unterwäsche. Sie hatte blaue Flecken im Gesicht und war sturzbesoffen. Ein junges Mädchen in so einer verlassenen Straße um Mitternacht, allein und betrunken, das ist unglaublich. Jeder hätte ihr sonstwas antun können. Also haben wir sie gefragt, wo sie hin will. Aber ihre Antworten ergaben, gelinde gesagt, überhaupt keinen Sinn. Sie war so blau, dass sie nicht mehr reden konnte. Wir haben sie in eine belebtere, sicherere Gegend begleitet.

Diese belebtere Gegend, ist die weit weg?

Ja, ziemlich. Ich musste meinen Kollegen bitten, für mich einzuspringen. Das war nicht so einfach.

Ok, weiter mit Frage sechs: Was machen Sie während der Arbeit? Können Sie ihre Arbeitspflichten beschreiben?

Na, ich hab ja am Anfang schon einige genannt, grob gesagt kontrollieren wir Personen und Fahrzeuge, die rein- und rausfahren. Alle Personen und Fahrzeuge, die auf das Gelände kommen, müssen sich im Security-Raum, wo ich arbeite, anmelden. Wenn jemand versucht, ohne Anmeldung reinzufahren, rufen wir die Security. Dann muss die Person zurück und sich anmelden. Das passiert übrigens ziemlich oft. Jeder muss sich anmelden. Das ist unser Job: Anmeldenummern für Fahrzeuge vergeben, oder bei einem Besucher mit Termin die entsprechende Abteilung anrufen und den Termin bestätigen. Außerdem gibt es bestimmte Sperrgebiete auf dem Gelände, dir man nur mit Genehmigung betreten darf. Wenn ein Besucher dahin möchte, muss er ein bestimmtes Prozedere durchlaufen, dabei helfen wir auch. Es gibt auch einen besonderen Zugangspass für Besucher des Sperrgebiets, den stellen wir auch aus. Außerdem führen wir Protokoll über Ankunfts- und Abfahrtszeiten. Solche Sachen halt. Wir schreiben auch Berichte über alle Störungen auf dem Gelände und erforschen die Ursachen. Unser Büro ist auch Notfallzentrum, wir haben ein Lautsprechersystem für den Notfall, bei Taifun oder Erdbeben zum Beispiel machen wir Durchsagen.

Warme Atmosphäre. Ich wäre gerne dabei gewesen. Ich würde gerne japanisch sprechen. Sie trinkt gerade ein Glas Wein, während er weitererzählt von der Nacht, von seinen Nächten. Drei Personen! Ich lege mich fest. Im Hintergrund wird das Geschirr gemacht. Eine Küche, eine kleine. Eine Wohnung, eine kleine. Tokio, schließlich. Dennoch ein Date.

Man trifft in Tokio 30-Jährige, die noch niemals einen Besucher zu Hause empfangen haben.

Sie sehr interessiert. Sie fragt zehn Minuten nach seiner Uniform, er spricht zehn Minuten von seiner Uniform.

ein Gespräch mit einem der Festangestellten an, unter die er sich gemischt hat. Der Anzugträger redet über Probleme bei der Arbeit und die Frau zu Hause, so lange, bis sein Erzählfluss

Was tun Sie im Falle eines Erdbebens?

Zuerst machen wir eine Durchsage. Jede Abteilung hat ihre verantwortlichen Büros. Wir fordern alle Abteilungen auf, ihre Gebäude zu verlassen und deren Zustand an die Sicherheitszentrale zu melden, egal, wie der Zustand ist. Wir machen die Durchsage.

Ok. Sie erwähnten Müdigkeit. Wie verbringen Sie Ihre Arbeitszeit? Wie schaffen Sie es, wach zu bleiben?

Naja, wir haben einen Fernseher im Büro. Fernsehen ist also eine Möglichkeit. Wir schauen aber nur NHK.

Ach wirklich?

Natürlich können wir auch andere Sender sehen, aber das Gerät dient prinzipiell zur Information.

Verstehe.

Es ist nicht zur Unterhaltung da. Also grundsätzlich nur öffentlich-rechtliche Sender, aber nachts schauen wir auch mal andere Sender. Tagsüber, wenn wir nicht allein sind, schauen wir nur NHK. Wir haben also den Fernseher an, beobachten gleichzeitig natürlich den Eingang, so, dass keine Fremden reinkommen. Was noch, man sucht sich eine Beschäftigung, zum Beispiel alte Protokolle darauf prüfen, ob etwas fehlt oder fehlerhaft ist, solche Sachen.

Sie sprachen auch über Bewegung.

Ach ja, wir machen kleine Dehnübungen. Abgesehen davon, Bewegungen, die nicht stören, wie immer mal aufstehen. Am Schreibtisch kann man extrem müde werden.

Ja.

Also arbeiten wir manchmal im Stehen. Das wäre soweit alles.

Wurden Sie je gerügt, weil Sie eingeschlafen waren?

Nein, nie.

Wow, das ist ja unglaublich!

Unglaublich…?

Sie sind ein echter Profi.

Naja, aber manchmal nicken wir schon ein.

Ok, jetzt Frage sieben: Ihre Arbeitszeiten. Sie arbeiten nachts. Aus einem bestimmten Grund? Warum haben Sie sich solche Arbeitszeiten ausgesucht?

Ein guter Grund, nachts zu arbeiten? Ja, sehen sie, wenn man 24 Stunden am Stück arbeitet, kann man natürlich nichts anderes machen, nichts für sich.

Ja.

Also, meine 24 Stunden-Schicht geht von 9h bis 9h am nächsten Tag. Und wenn die 9 Stunden morgens vorbei sind, habe ich den ganzen Tag für mich.

Ja.

Es gibt auch ein Maximum an 24 Stunden-Schichten, höchstens 13 Tage pro Monat.

Ja.

Das ist der halbe Monat. Also wenn man's mal so sieht, habe ich den Rest der Zeit für mich. Das sind extrem flexible Arbeitszeiten.

Verstehe.

Gewissermaßen arbeite ich nur den halben Monat über und bekomme volles Gehalt. Sozusagen.

Sie arbeiten doppelt so lang an einem Tag.

Das stimmt. Wenn ich frei habe, gehe ich zu Kursen, ich bin Schauspieler. Oder ich mache andere Sachen für mich, wie zum Beispiel Filme gucken oder Musik hören. Ich möchte vieles machen, deshalb habe ich einen Job gewählt, der mir Freizeit bietet.

Verstehe. Ok, jetzt Frage acht: Haben Sie bei der Arbeit manchmal Angst?

Ähm … Nachts, bei der Arbeit? Angst?

Ja.

Mal nachdenken … hm … wenn, dann Mitternacht. Nur wenige von uns arbeiten von abends bis zum nächsten Morgen. Nachts sind nur wenige Mitarbeiter auf dem Gelände, die Einfahrten sind geschlossen, genauso wie der Besuchereingang. Alle Tore sind geschlossen, alles zu. Wenn da nachts mal was passieren würde, hätten wir nicht genug Leute. Wir wüssten auch nicht, ob wir sofort den Leiter der betreffenden Abteilung finden oder den Fabrikleiter, oder wie schnell sie reagieren könnten. Wir haben da so unsere Sorgen. Weil wir nachts alleine sind, müssen wir mit definitiven Entscheidungen bis zum Morgen warten. Natürlich gilt das nicht für den Notfall. Ich meine, wenn wir bis zum Morgen warten können, kann es ja nicht so dramatisch sein. Aber zum Beispiel bei starken Erdbeben haben wir hier Druckbehälter und verschiedene gefährliche, leicht flüchtige Chemikalien. Darum haben wir Angst vor Explosionen, Bränden und anderen Extremsituationen, in denen alles außer Kontrolle geraten könnte. Wir dürfen während der Schicht auch fünf Stunden lang schlafen. Ich habe Angst, mal eines Tages aufzuwachen und so eine Katastrophe zu erleben.

Verstehe. Ich glaube das sind praktische, realistische Ängste, die Sie da haben. Wie ist es mit psychologischen Ängsten? Wie zum Beispiel … Angst vor Geistern. Haben Sie sowas?

Ah, verstehe.

Sie glauben da nicht dran? Sowas macht Ihnen keine Probleme?

Damit habe ich keine Probleme. Wobei, am Anfang … unsere Fabrik ist ziemlich alt, über hundert Jahre. Und der Grundriss, keine Ahnung, ob man das so sagt, … jedenfalls: Die Gebäude haben sich seit dem Bau kaum verändert. Sie sind also alt, manche schon baufällig und der Ruheraum ist ein Stück vom Büro entfernt. Wir müssen dahin durch einen ziemlich dunklen Gang laufen, manchmal gruseln uns die Ochsenfrösche, die sind riesengroß. Manchmal treten wir im Dunkeln fast drauf. Da kriegt man echt Angst! Es gab anfangs auch Geschichten über Geister.

Also doch!

Die Fabrik gibt es seit über hundert Jahren. Von mir haben Sie das nicht, aber es gab in der Vergangenheit tödliche Unfälle und man munkelte über die Geister der Opfer, die angeblich auf dem Gelände herumspuken. Am Anfang war das etwas gruselig, aber nach drei Jahren … es gibt jedenfalls keine Geister.

Ja, verstehe. Na dann. Mögen Sie die Nacht?

Ja.

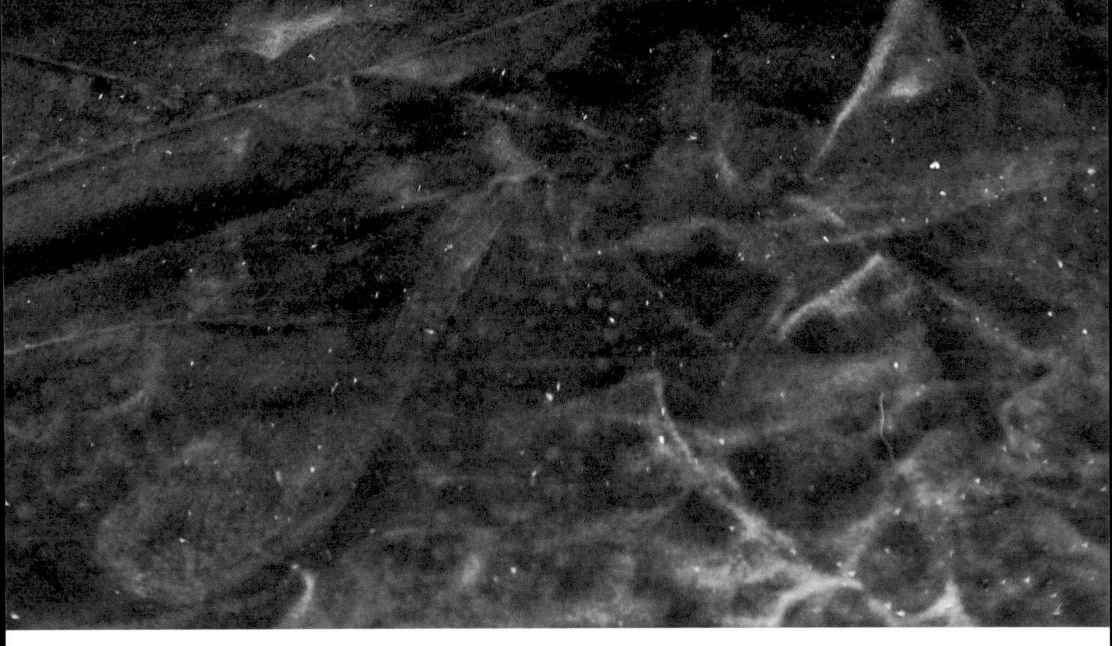

Die Kinder der Nacht nehmen dich auf, Kermet,
sie bilden einen Kreis um dich.

Als Kermet einmal mitten in der Nacht aufgewacht
ist und Esra neben ihm lag, hat Kermet ihr seinen
Traum erzählt. Es war dunkel im Viertel und er war
ein Kind, zusammen mit anderen Kindern, einem
blinden schwarzen Kind, einem geistig behinderten
Kind in der Uniform eines Pizzalieferanten und
Marcel Koppermann von früher. Alle arm, obwohl
Kermet in sehr wohlhabenden Verhältnissen
aufgewachsen ist, genau wie Marcel Koppermann.
Kermet hatte so allerlei Dinge bei sich, einen Becher
zum Seifenblasen machen, eine Naschtüte, Perlen,
Münzen und Murmeln.
Ständig ist etwas abhandengekommen und eines
der anderen Kinder hat es dann plötzlich gehabt
und stolz vorgezeigt. Immer wieder musste Kermet
seine Sachen zurückfordern. Die anderen Kinder
haben so getan, als würde nur einer von ihnen
die Sachen stehlen. Als der blinde Schwarze eine
von Kermets Murmeln zeigte und fragte, welche
Farbe sie habe und Kermet daraufhin gesagt hatte,
dass ihn das gar nichts angehe und er gefälligst
die Murmel zurückgeben solle, da hat der blinde
Schwarze gesagt, dass er ja nicht gewusst hätte, dass

Sie lacht, etwas lasziv, aber angenehm – sie gibt ihm ein angenehmes Gefühl, kann ich mir vorstellen. Er fühlt sich wohl, erzählt und erzählt, hier und da mit Verzögerungen. Ein angenehmes, lockeres Gespräch. Ich wäre gerne dabei gewesen. Ich würde gerne japanisch sprechen.

Kodokushi

Nein, nicht die beiden. Nein. Sie werden sich finden. Meine Projektion wird sie sich finden lassen. Das Interview, die Nacht, die Kunst, sie haben sie zusammengebracht. Meine Projektion hat sie sich finden lassen.

diese Murmel ihm, also Kermet gehören würde.
Marcel Koppermann hätte sie ihm zugesteckt. Und
als der geistig behinderte Junge plötzlich an einer
sauren Stange lutschte und Kermet zwar die saure
Stange nicht wiederhaben wollte, aber immerhin den
Jungen zur Rede stellen wollte, da habe der gesagt,
dass Marcel Koppermann doch immerhin die ganze
Naschtüte hätte, er, also Kermet, sich lieber an
ihn wenden solle. Aber dann haben alle drei auf eine
Weise gelacht, dass Kermet wusste, dass alle drei
unter einer Decke steckten.

Am Ende habe Kermet einen Baseballschläger
genommen und damit die Kniescheiben der anderen
Kinder zertrümmert. Davon sei er aufgewacht,
mitten in der Nacht, obwohl im Traum bereits der
neue Tag heranbrach.

Dann hat Kermet Esra gefragt, ob Bo ein Dieb sei.
Esra hat gesagt, dass Bo kein Dieb ist. Kermet hat
gefragt, woher Esra das wissen wolle. Und Esra hat
gesagt, dass Bo nichts habe. Diebe hätten alle
möglichen Dinge, Bo hat nichts.

Und warum? Das frage ich mich auch. Schon seit meiner Kindheit war die Nacht für mich immer aufregender als der Tag, zu Neujahr beispielsweise. Normalerweise dürfen Kinder nicht lange aufbleiben. Wir mussten ins Bett, während die Erwachsenen noch fernsehen oder sich unterhalten konnten. Immer wenn ich sie gehört habe, war ich neidisch. Aber zu Neujahr, um Mitternacht, nahmen uns unsere Eltern mit zum Schrein. Und auf dem Rückweg, um zwei oder drei Uhr morgens, durften wir im Restaurant essen. Ich frage mich, was es mit der Dunkelheit auf sich hat. Ich finde Dunkelheit aufregend. Ich glaube, ich bin ein Nachtmensch. Darum glaube ich auch, dass mein aktueller Job gut zu mir passt.

**Kermet unterwandert das Aufnahmeritual, indem er
es nicht durchläuft. Esra sagt, dass das kein Problem
sei, die Kinder der Nacht hätten ohnehin immer
mit Skepsis auf dieses Ritual, im Besonderen aber
auch auf alle Rituale im Ganzen geschaut. Er müsse
allerdings beim Überfall dabei sein, da ginge es
schließlich auch und vor allem ums Geld. Dann wäre
er ein Kind der Nacht, auch ohne Ritual.**

Verstehe. Ok, eine letzte Frage, zehn: Wie ist das mit Uniformen? Tragen Sie bei der Arbeit eine?
Ja. Wir tragen normale Hosen und Jacketts, beides gehört zur Uniform. Das ist eher speziell. Äh, ich versuche mal, es zu beschreiben: Es ist anders als eine normale Security-Uniform.

Okay …
Es ist eher ein Anzug, Jackett und Hosen.

Und die Farbe? Dunkelblau.

Beides?
Ja, beides. Wir tragen auch Hemd und Krawatte, es ist also relativ formell und schick.

Unterscheidet es sich von einem normalen Anzug?
Einem normalen Anzug? Hm … Da ist zunächst mal die Farbe.

Wappen? Abzeichen?
Nein, eigentlich nicht. Es ist ein einfarbiger Anzug, sehr schlicht, ohne Schnickschnack. Wir haben auch viel mit Besuchern zu tun, ich glaube, deshalb sind die Uniformen schlicht, ziemlich korrekt und ordentlich.

Und die Krawatten sind Ihre eigenen?
Nein, die gehören zur Uniform, einfarbig dunkelblaue Krawatten.

Ach ja?
Ohne Muster, das ist wirklich schlicht, nichts Besonderes.

Gibt's Hüte oder Handschuhe?
Nein, sowas haben wir nicht.

Man könnte Sie also nicht allein anhand der Uniform als Security identifizieren, oder?
Das stimmt. Unsere Uniformen sind eher formell und sehr sauber. Ich glaube, unsere sind ordentlicher als die der anderen Mitarbeiter hier, denn wir repräsentieren ja sozusagen die Fabrik. Darum ist es wichtig, ordentlich und sauber auszusehen.

Verstehe. Vielen Dank.

Jugend ohne Sex

Yuri Sonehara will heiraten, am liebsten noch in diesem Jahr. Aber Yuri hat ihre Vorlieben. Deshalb halb hat sie der Firma Machi-Con.com, »Stadt-Rendezvous.com«, umgerechnet 42 Euro überwiesen und sich in den Typ Office Girl verwandelt: Sie trägt jetzt viel Make-up, eine Perlenkette und einen knielangen Rock. Sie hofft darauf, attraktiv zu wirken und dabei seriös. So wollen es die Männer, die sie an diesem Nachmittag treffen wird, glaubt sie. Yuri geht auf eine Kon-Katsu-Party. Kon-Katsu, abgeleitet vom Ausdruck für die Arbeitssuche, bedeutet »Heiratsjagd«.

Es ist klar, wer in dieser Kneipe in Tokios Innenstadt auf die Jagd geht. Die 40 Frauen. Denn hier sitzen 30 attraktive Ziele. Nicht nur Yuri redet sich ein, es seien die neuen Sexsymbole: Staatsangestellte. Aus der Baubehörde. Der Gefängnisverwaltung. Dem Bürgermeisteramt, dem Außenministerium. Am liebsten, sagt Yuri, 26 Jahre alt, Kellnerin in einem Fast-Food-Restaurant, wäre ihr einer von der Feuerwehr.

Und so müht Yuri sich an ihrem Bier ab, knetet ihre Hände und fürchtet, dass sich jemand zu ihr setzen könnte, der nur so tut, als sei er Beamter. Jede Viertelstunde wechseln die Männer den Tisch, das findet Yuri gut, viel besser als auf der »Über 19, unter 30«-Party, wo sie neulich war. Da kommen schon die Nächsten – zwei aufgeräumte junge Männer, ein wenig verunsichert von der Zuneigung, all dem Wollen, das ihnen hier begegnet.

Yuri nimmt nun an einem Gespräch über die Steuerbehörde teil. Die Arbeitszeiten bei der Steuerbehörde, die Karrierechancen bei der Steuerbehörde, den Ruf der Steuerbehörde. »Ich weiß, wir sind nicht so beliebt bei den Bürgern«, sagt der eine. »Wir treiben ja ihr Geld ein.«

»Ja, ja«, sagt Yuri.

»Aber weißt du, auch wir zahlen Steuern.« Übertriebenes Lachen, der nächste Schluck Bier.

Fragt man Yuri und die anderen zurechtgemachten Frauen, weshalb sie dafür bezahlen, dass sie Gespräche mit Beamten führen dürfen, nennen sie alle ein Wort. Stabilität. Ihre Der-Mann-meines-Lebens-Fantasien haben die Gestalt unkündbarer Arbeitsverträge und regelmäßiger Gehaltszahlungen. Diese Fantasien erzählen von der Sehnsucht, das Leben einer versunkenen Epoche zu führen.

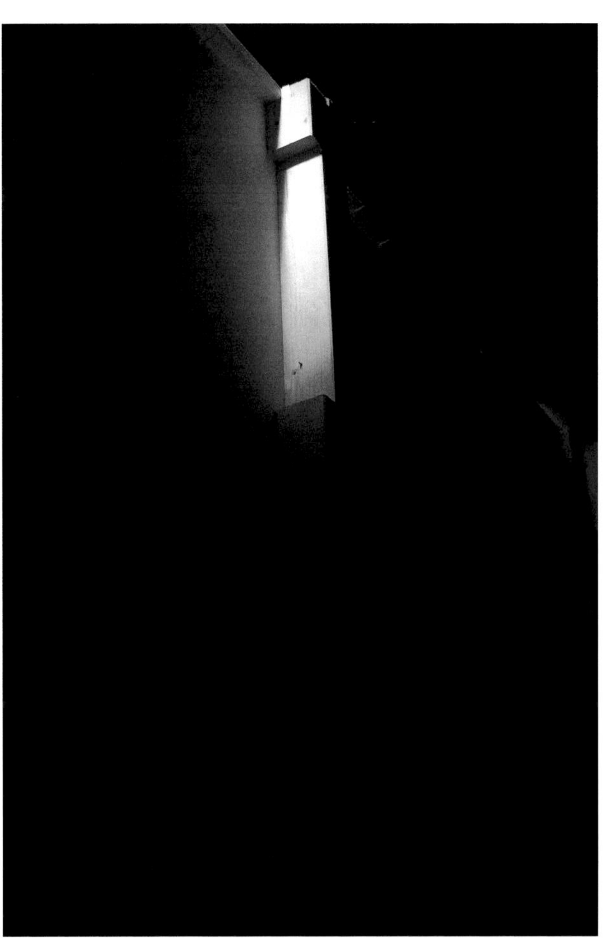

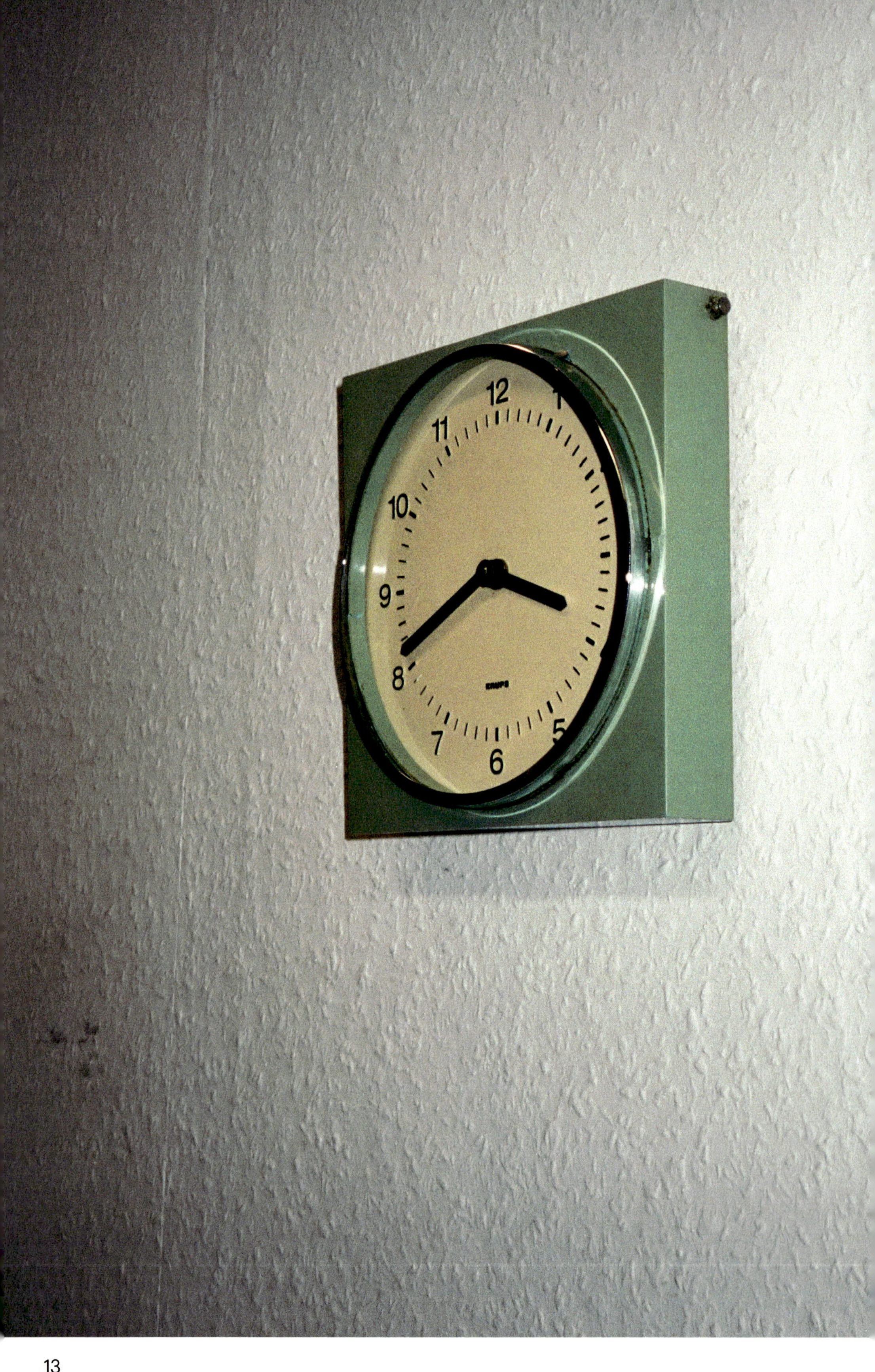

Stellen Sie sich vor, Sie könnten an einem beliebigen Ort irgendwo auf der Welt für eine Nacht als Wachmann arbeiten. Wo wäre das und welche Erwartungen hätten Sie an den Ort?   Es könnte überall sein, wo die Sicherheitsvorkehrungen gut sind, so dass ich entspannter wäre. Und mehr Ausrüstung wäre auch gut.

Welche Art von Ausrüstung?
Etwas zum Scannen ... [Körperscanner]

Denken Sie an einen bestimmten Ort? Ein anderes Land? Irgendwo in Afghanistan?
Dubai.

Warum?   Ich bin gern in Dubai, denn dort sind die Sicherheitssysteme sehr gut. Sie haben Überwachungskameras und man sieht keine Polizisten, weil alles durch Kameras überwacht wird.

Beschreiben Sie eine gewöhnliche Nacht, in der Sie eine Arbeitsschicht haben. Was passiert normalerweise?
Wenn ich anfange, checke ich zuerst die Taschenlampe und dann die Stromversorgung, dann schließe ich die Tür und überprüfe sie von beiden Seiten. Wenn jemand klopft, checke ich, bevor ich die Tür öffne, wer es ist. Um Mitternacht wecke ich meinen Freund und seine Schicht beginnt.

Sie kommen um sechs?
Ja. Sechs Stunden Arbeit, sechs Stunden Schlaf – in der Zeit ist der andere Wachmann im Dienst, aber falls etwas passiert, bin ich auch noch da. Morgens um sechs fängt die nächste Schicht an.

Können Sie hier gut schlafen?
Wenn ich hier schlafe, fühle ich mich unwohl, weil ich darüber nachdenke, ob die Tür offen ist oder nicht und wer kommen könnte. Wenn es an der Tür klingelt, ist es sehr laut und manchmal klingelt auch das Telefon. Wenn ich nach Hause gehe, schlafe ich immer sofort ein.

Haben Sie manchmal Alpträume, wenn Sie hier schlafen?
Einmal haben sie nachts in den Medien gebracht, dass Selbstmordattentäter nach Kabul kommen. In der nächsten Nacht hatte ich einen Traum, dass jemand an der Tür ist. Ich öffne die Tür und dann sind da Selbstmordattentäter. Ich renne weg, als ich sie sehe. Dann kommen sie rein und suchen das Gelände ab. Dann klettere ich die Leiter hoch und denke die ganze Zeit an die Attentäter.

Können Sie den Raum beschreiben, in dem Sie nach Ihrer Schicht schlafen?
Der Raum hat eine Tür und ein Fenster. Es gibt ein Bett, wir benutzen es beide. Der Raum ist sehr feucht und unten an der Wand ist jede Menge Schimmel. Das ist kein guter Raum zum Schlafen, sie [die Ausländer] könnten da nicht schlafen. Die Wandfarbe ist hässlich und die Toilette war in einem schlechten Zustand. Jetzt haben sie sie repariert, das ist jetzt besser.

Welche Farbe hat der Raum?
Grün.

Sie haben dort einen Fernseher?
Ja, aber er geht nicht. Der Raum [es ist ein kleines Zimmer neben der Tür] ist sehr klein, es passen nicht mehr als zwei oder drei Leute gleichzeitig rein.

Wenn man hier fünf bis zehn Minuten lang sitzt, wird man müde – man muss sich bewegen, um nicht einzuschlafen. Die Wandfarbe ist grässlich, in den Fenstern sind keine Glasscheiben. Der Ventilator [nebenan] ist zu laut, er klingt wie eine Mühle. Er ist so laut, dass man nicht schlafen kann, wenn er eingeschaltet ist. Und im Sommer gibt es so viele Moskitos, dass ich nicht schlafen kann.

Gibt es etwas, das Ihnen an den Räumen gefällt?
Im Winter war es sehr warm, weil die Wände dick sind.

Nennen sie fünf Dinge, die für Ihre Arbeit in der Nacht wichtig sind und bitte beschreiben Sie, warum. Taschenlampe…Handy…Buch auf Englisch…mein Freund [der andere Wachmann]…die brauche ich für meine Arbeit.

Warum die Taschenlampe?
Es ist überall dunkel, also benutze ich die Taschenlampe, wenn ich etwas höre. Zum Beispiel, um zu sehen, ob jemand hinter dem Baum steht. Und außerdem werfen Diebe oft Steine. Wenn man dann die Taschenlampe benutzt, sehen sie: Oh, die haben Wachmänner…

Warum das Handy?
Wenn irgendwas passiert, egal was, Sicherheitsprobleme, gesundheitliche Probleme, wenn einer von uns krank wird, können wir den Fahrer oder das Krankenhaus anrufen. Oder die Feuerwehr, wenn es brennt.

Das Buch? Das Buch ist mir ein sehr guter Freund. Ich will mehr Englisch lernen, wenn ich Zeit und nichts zu tun habe.

Der Freund, der andere Wachmann?
Wir helfen uns gegenseitig. Wenn es brennt oder ich krank werde oder jemand kommt, ist er da und kann mir helfen.

Gab es schon mal außergewöhnliche Ereignisse während Ihrer Nachtschicht?
Einmal gab es nachts eine Party. Alex' Freunde waren alle sehr betrunken und einer ist auf der Toilette eingeschlafen. Wir haben die Tür nicht mehr aufbekommen.

Wie vertreiben Sie sich nachts die Zeit?
Manchmal, wenn ich nichts zu tun habe, lese ich den Heiligen Koran. Weil ich Moslem bin, finde ich, das muss sein. Manchmal spiele ich auch Handyspiele.

Was für Spiele? Autorennen. Und manchmal höre ich Musik.

Was für Musik? Afghanische Musik.

Welche Sänger?
Abdullah Muqureh. Weil viele seiner Songs „Attan"-Musik sind.

Behalten Sie während Ihrer Schicht die Zeit im Auge? Wenn ja, wie?
Viele Wachmänner hier in Kabul wechseln sich alle dreißig Minuten ab, aber unsere Schicht dauert sechs Stunden. Die Zeit vergeht nachts sehr, sehr langsam.

Kermet faltet die Hände über dem Schoß und schaut über die leeren Sitzbänke nach vorn. Es ist neun Uhr.

Wir begrüßen dich, wir vereinnahmen dich, wir schließen dich ein, wir lösen uns von allem, mit dir. Überall ist nichts und wir sind überall in dir. Wir liegen im Gras mit dir, wir schauen uns um mit dir, wir graben unsere Hände in die Erde mit dir.

Ein Sammlerstück? Ein Sammlerstück. Etwas mit Wert, so wurde gesagt. Aber authentisch auch, so wurde gesagt. Hat mich schnell überzeugt. Bis sie herunterfiel. Sie fiel nicht nur einmal, die Uhr, sie fiel zweimal und Lars schrie und wir lachten und Max schrie auch und das Glas, das schrie auch und zerbrach ein jedes Mal aufs Neue.

Wie oft schauen Sie auf die Uhr?

Bis neun Uhr gar nicht, denn ich weiß wegen der Gebetsrufe, wie spät es ist. Danach jedes Mal beim Umblättern, also alle zwanzig Minuten.

Was machen Sie, wenn Sie außerhalb Ihrer Schicht Zeit zum Schlafen haben, aber nicht schlafen können?

Wenn ich nicht schlafen kann, mache ich das Licht an und lese in dem englischen Buch. Letzte Nacht habe ich eine rituelle islamische Waschung vorgenommen, das Wasser war kalt. Wir haben dazu eine Redewendung „Der Schlaf verschwindet aus deinen Augen". Ich war bis drei Uhr morgens wach.

Hatten Sie bei der Arbeit schon mal Angst?

Einmal, um drei Uhr morgens, hatte ich vergessen, Nabi [dem anderen Nachtwächter] den Schlüssel zu geben. Klaus [der Hausbewohner] wollte nach Deutschland reisen und sie konnten den Schlüssel nicht finden. Nabi riss die Tür auf und schrie: „Wo ist der Schlüssel, wo ist der Schlüssel?" Nabi hat eine Art Allergie, bei Kälte – es war Winter – tränen ihm die Augen und es sieht so aus, als würde er weinen. Als er also das Licht anmachte und nach dem Schlüssel fragte, bekam ich große Angst. Ich dachte, vielleicht ist da jemand, warum hat er geweint? Ich habe mich so erschrocken, dass ich zwei Tage lang krank war. Ich war sauer auf Nabi, er hätte die Tür langsam aufmachen und mich ganz ruhig fragen können. Er hat mich zu Tode erschreckt!

Krank inwiefern?

Ich habe meinen Freunden von Nabi erzählt. Selbst ein Taliban oder Terrorist hätte mich nicht mehr erschrecken können als Nabi in dem Moment. Ich war sehr verärgert und konnte nichts mehr essen.

Was ist das Schwierigste an Ihrer Arbeit?

Für einen anständigen Nachtwächter ist das Schwierigste, dass man ständig alles checken muss: Wer ist an der Tür? Wer steht hinter der Tür? Man muss ständig in Bewegung bleiben.

Mögen Sie die Nacht?

Ich mag die Nacht, denn normalerweise arbeitet man tagsüber und nachts fühlt man sich geborgen, man entspannt sich und alle Schwierigkeiten und Sorgen des Tages verschwinden irgendwie.

Wenn man schläft oder auch wenn man wach ist?

Wenn man schläft.

Wie ist es, wenn Sie nachts wach sind? Mögen Sie die Nacht auch dann?

Sogar hier, bei der Arbeit, mag ich die Nacht. Aber freitagabends, wenn ich nach Hause gehe, mag ich sie noch mehr. Dann kann ich mich mit meiner Familie unterhalten.

Mögen Sie die Dunkelheit?

Ich liebe die Dunkelheit, ich habe keine Angst davor. Wenn wir hier drinnen Licht anhaben, sehe ich draußen nichts. Ich mache nur Licht an, weil ich lese. Und auch, weil die Leute im Haus glauben könnten, ich schlafe, wenn ich das Licht ausmache. Ich mag lieber Dunkelheit.

Warum?

Das ist einfach meine Natur. Sogar zu Hause mag ich es dunkel.

Raschid

Früher, da sind sich eigentlich alle einig, hatte Raschid eine kleine, aber sehr auffällige Zahnlücke. Obwohl sich alle daran gewöhnt hatten, und deshalb auch schon seit Jahren nicht mehr auf seine Zahnlücke geachtet hatten, fiel ihnen nun im Gegenteil auf, dass Raschid keine Zahnlücke mehr aufweisen konnte. Genaugenommen hatte er weiterhin eine Zahnlücke, aber vielleicht war sie nicht mehr am selben Ort, vielleicht war sie kleiner oder größer als vorher, jedenfalls war sie nicht mehr so auffällig wie früher, was allen auffiel und zu einigem Gerede führte.

Tragen Sie bei der Arbeit eine Uniform? Tragen Sie andere Kleidung als sonst, wenn Sie zur Arbeit gehen? Ich trage keine Uniform, aber ich hätte gerne eine. Ich finde es gut, bei der Arbeit andere Sachen zu tragen als sonst.

Bitte beschreiben Sie sich selbst. Ich bin 21 Jahre alt und arbeite hier seit 10 Monaten. Es ist mein erster Job bei Ausländern und er gefällt mir gut. Ich sage das nicht nur, weil Sie Deutsche sind, aber Deutsche waren die Ersten, die hier Schulen und Krankenhäuser gebaut haben. Auch in Nabis Provinz, Wardak, haben sie viel geholfen.

Ich kann sie nicht fragen. Nein, das kann ich nicht.

Wieso nicht? Du bist Künstler, du darfst alles!

Ein Scheiß bin ich. Irgendwann wird mal jemand auf einer Eröffnung um die Ecke kommen und allen Leuten sagen: Ey, nehmt mal den Typen da weg. Der ist überhaupt kein Künstler.

Ach Quatsch und selbst wenn, das ist ja noch nicht der Fall, jetzt sind wir noch Künstler, also dürfen wir das auch.

Du siehst uns vielleicht so!

Ja und, das reicht doch. Jetzt setz dich an den Tisch.

Er setzt sich an den Tisch, den er Wochen zuvor verschoben hat, weil am alten Platz zu viele Erinnerungen aufkamen.

Wie bist du eigentlich darauf gekommen, sie anzuschreiben?

Ich habe ihr Bild gesehen.

Ich habe ihr Bild gesehen, in der Zeitung, im Text ihrer Kolumne. Die sich wöchentlich wiederholende Erklärung, warum sie an diesem Ort ist und wohin (oder wovor) alle anderen flüchten, empfand ich als tough. Das Bild gefiel mir, der Name interessant, das Wichtigste war allerdings dieser Ort. Der Ort, ein aufgeladener Ort, dessen Name täglich zu hören war. Gute Gründe Künstler zu sein und sie anzuschreiben.

Kabul. Was bedeutet Dunkelheit in diesem Namen? Was bedeutet es, wenn die Straßenlaternen, die vermutlich nicht existieren, die Bürgersteige, die nicht da sind, beleuchten und lediglich die wenigen noch offenen Läden mit ihren Neonröhren die trockenen, offenliegenden Straßen sichtbar machen. Was bedeutet in dieser Szene Präsenz und was ist präsent? Offensichtlich und untergründig? Und was, wenn sich dann das Subjekt in eine dritte Person verwandelt?

Sorry, aber das ist doch schlichtweg ein wahnsinniger Druck.

Dann ist everywhere dark.

Ronja hatte mir in 1 Stunde 41 Minuten und 11 Sekunden unter anderem davon erzählt, dass die Leute, wer auch immer das ist, aber alle Afghanen, wer auch immer das ist, die perfekten Geschichtenerzähler seien. Es war der sechzehnte fünfte zweitausendvierzehn und diese Information beeindruckte mich so

sehr, dass ich das Projekt machen musste, was ich nun mache. Es handelt von der Fähigkeit des Menschen, wer auch immer das ist, Geschichten zu erzählen und diese weiterzugeben. Narration, das Projekt, der neunundzwanzigste siebte zweitausendfünfzehn, heute.

Raschid ist in die Nacht gelaufen, in der Zeit und im Raum, dann hat ihn die Nacht verschluckt. Als am nächsten Tag das Licht anging, war Raschid zwar wieder zu sehen, aber der Raschid, der von der Nacht verschluckt wurde, ist nie wieder zurückgekommen.

Noch in der Nacht ging im Büro ein Anruf von einer unbekannten Nummer ein. Die Frau, die sich am anderen Ende meldete, wollte Raschid sprechen, der aber war nicht mehr da. Die Frau, die etwas beunruhigt reagierte, ließ darauf zwei Mal den Hörer fallen. Die Assistentin von Raschid bot an, eine Nachricht entgegenzunehmen. Die beunruhigte Frau hinterließ folgende Nachricht bei der Assistentin: »Hüte dich vor der Nacht, Raschid, du Kämpfer! Ruf mich zurück.«
Als Raschid am nächsten Tag zurückrief, fragte die Frau drei Mal, wer denn da sei, worauf Raschid drei Mal nichts anderes zu sagen wusste als:
»Ich bin es Raschid!«
Dann ließ die Frau wieder beunruhigt den Hörer fallen.

Stellen Sie sich vor, Sie könnten an einem beliebigen Ort irgendwo auf der Welt für eine Nacht als Wachmann arbeiten. Wo wäre das und welche Erwartungen hätten Sie an den Ort?   Wenn ich woanders arbeiten sollte … das macht eigentlich keinen Unterschied. Ich arbeite gerne hier und … wenn ich einen anderen Beruf wählen müsste, dann wäre das, was ich schon immer wollte, Profifußballer zu werden. Ich habe es sogar versucht und mich sehr bemüht, aber aus verschiedenen Gründen ging es nicht mehr. Mein größtes Ziel war immer, Profifußballer zu werden, um meiner Familie und Freunden zu helfen, das wollte ich.

Beschreiben Sie eine gewöhnliche Nacht, in der Sie Schicht haben. Was passiert normalerweise?   Normalerweise bedeutet mein Job, dass ich nachmittags um 15 Uhr ankomme. Die Arbeit beginnt um 17 Uhr und geht von 17 Uhr bis 8 Uhr morgens am nächsten Tag. Wenn meine Schicht anfängt, warte ich, bis alle Mitarbeiter das Gelände verlassen haben. Wenn dann alle weg sind, überprüfe ich alle Räume im Gebäude und stelle sicher, dass alles in Ordnung ist: Licht aus, Türen geschlossen, [00:37:450] Herd ausgeschaltet. Ich checke alles und schließe alle Türen. Dann gehe ich zurück in die Lobby und beobachte von dort aus alles, um sicherzugehen, dass alles ok ist.

Bitte beschreiben Sie den Raum, in dem Sie während Ihrer Schicht die meiste Zeit verbringen. Gibt es Besonderheiten? Was mögen Sie an dem Raum?   Während der Schicht bin ich meistens in der Lobby außer, wenn ich Rundgänge mache. Den Großteil der Zeit bin ich in der Lobby und dort gibt es Fernseher, Computer, Überwachungsmonitore und einen Teebereiter. Den Teebereiter mag ich am liebsten, denn er hält mich wach und ist immer da. Jedes Mal, wenn ich müde werde, trinke ich Tee und dann werde ich wieder etwas wacher.

Nennen Sie fünf Gegenstände, die für Sie nachts wichtig sind und erklären Sie bitte, warum.   Fünf wichtige Gegenstände? Für meinen Job ist das Wichtigste die Taschenlampe, denn manchmal fällt der Strom aus und wenn ich das Licht ausschalte, ist es im ganzen Gebäude stockdunkel. Ich nehme die Taschenlampe überall mit hin. Einen Schlagstock, um mich und das Gebäude zu sichern. Und das Telefonbuch mit den Notrufnummern liegt immer bei mir in der Lobby auf dem Tisch. Darin sind die Nummern zum Beispiel von der Feuerwehr und so weiter. Und die Handynummern der Chefs, nur für alle Fälle. Eine Fernbedienung für den Haupteingang, der geht nämlich nur damit auf. Und dann nochmal der Teebereiter. Das hab ich schon gesagt, der ist echt wichtig für mich, denn er hält mich wach und hilft mir sehr während der Schicht.

Gab es schon mal außergewöhnliche Ereignisse oder Vorkommnisse während Ihrer Nachtschicht? [Das könnten zum Beispiel seltsame, lustige oder aufregende Ereignisse sein]   Gott sei Dank ist noch nie was Schlimmes passiert, aber einmal was Interessantes, was glaube ich erwähnenswert ist. Einmal habe ich oben gecheck, ob noch irgendwo Licht brennt oder eine Tür offen ist. Als ich wieder runterkam, habe ich überall das Licht ausgemacht und es war stockfinster. Als ich runterlief, hörte ich so ein Rascheln hinter mir. Ich drehte mich um, sah aber nichts. Ich hatte ein bisschen Angst. Ich war beunruhigt und fragte mich, was es sein könnte. Ich lief weiter die Treppe runter, kam auf den Gang, das Rascheln wurde lauter. Da bekam ich totalen Schiss, wahnsinnige Angst, denn es war ja überall dunkel. Ich drehte mich schnell um, aber da war nichts. Dann bin ich losgerannt. Ich war so beunruhigt und rannte bis zur Haupthalle und zur Lobby, wo Licht brannte. Da war niemand hinter mir, niemand, und dann, als ich zurücklief, sah ich, dass da ein Stück Faden an einer Plastiktüte klebte. Die Tüte klebte an meinem Schuh und beim Laufen hatte ich sie die ganze Zeit hinter mir auf dem Boden mitgeschleift. In der Nacht habe ich fast eine Stunde lang darüber gelacht, dass das Ding mir solche Angst gemacht hatte.

Was machen Sie bei der Arbeit? Was sind Ihre Pflichten? Was machen Sie, um sich die Zeit zu vertreiben? Ich habe meine Pflichten schon beschrieben. Wenn ich nachts bis zum Morgen arbeite, vergeht die Zeit echt langsam, weil alles dunkel ist. Man sieht nichts, fühlt sich gestresst. Und es ist so, dass man als Nachtwächter immer alarmbereit sein muss. Wenn man gestresst ist, vergeht die Zeit langsamer. Ich warte einfach auf den Morgen. Das Einzige, was ich machen kann, ist warten, obwohl ich manchmal im Internet surfe, Musik höre, ein bisschen fernsehe und so weiter, aber die Nacht ist echt lang. Ich erinnere mich an meine ersten Arbeitstage: Morgens, vor der Ablösung, wartete ich, dass der Tagesdienst endlich kommt, und wenn ich ihn sah, umarmte ich ihn und begrüßte ihn herzlich. Aber jetzt habe ich mich dran gewöhnt und habe mehr Geduld.

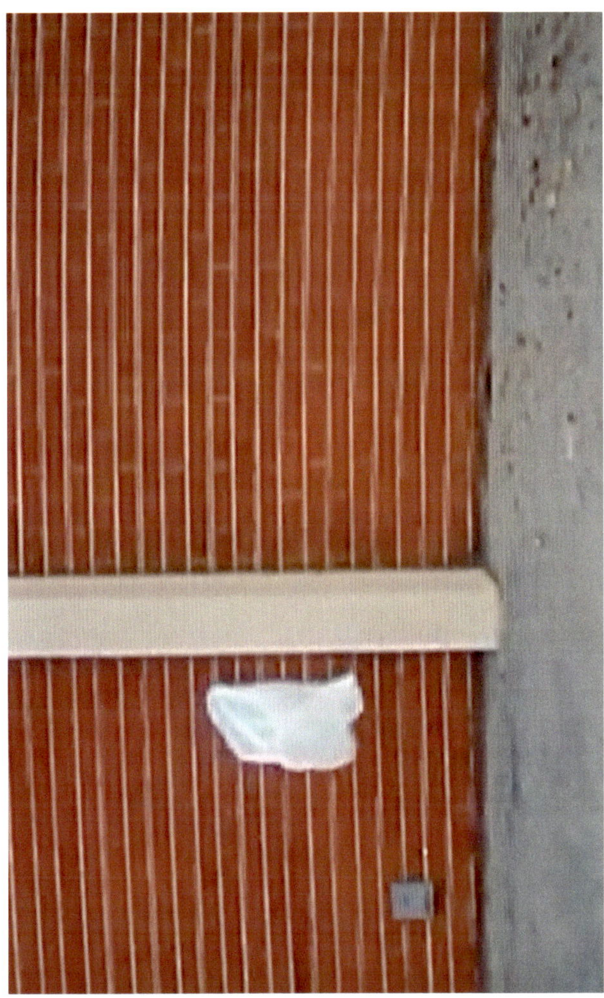

Als Raschid ein Foto von sich betrachtete, das Anja ihm gegeben hatte, erschrak er, ließ sich aber nichts anmerken.

Als Kermet ein Foto von sich ansah, das Esra ihm gegeben hatte, wurde Kermet sehr traurig, ohne zu wissen, warum.

Achten Sie während Ihrer Schicht auf die Zeit? Wie und warum?

> Ich achte auf die Zeit. Ich versuche, sie gut zu nutzen, ich lese ein bisschen. Ich versuche meine Zeit besser zu nutzen als mit Fernsehen und sowas. Ich will mich für einen Computerkurs anmelden, weil ich gerne mit Computern arbeite. Ich will mich für den Kurs anmelden und meine Zeit hier besser nutzen, nachts IT lernen und was erreichen, während ich hier arbeite.

Hatten Sie bei der Arbeit schon mal Angst?

> Angst… naja, abgesehen von der Geschichte mit der Tüte am Schuh, wo ich erst Angst hatte und dann lachen musste… sonst manchmal, wenn eine Katze irgendwo runterspringt oder irgendwo was runterfällt, das erschreckt mich schon. Aber einmal hatte ich wirklich Angst bei einem Fest zu Chahārshanbeh Suri, mit Feuerwerk und so weiter. Normalerweise endet das Fest um Mitternacht, aber eine Paar Leute machten weiter Feuerwerk. Es war zwei, halb drei Uhr nachts und ich saß da, alles ruhig, und die warfen Böller. Ich hatte wirklich Angst, denn ich war alleine und das Gelände hier ist von Mauern umgeben. Sie warfen hinter den Mauern mit Böllern, es klang richtig gefährlich. Ich war echt aus dem Häuschen, aber als ich merkte, was es war, hatte ich mich wieder mehr im Griff. Aber sonst… eigentlich nicht.

Mögen Sie die Nacht? Wenn ja, warum? Fühlen Sie sich im Dunkeln wohl?

> Nacht… ja, ich mag es nachts, weil alles still ist. Man hört keinen Lärm, keine Autos oder Maschinen, überall herrscht Ruhe. Ich persönlich mag es ruhig, aber ich mache nachts lieber das, was mir Spaß macht, als den Nachtwächterjob.

Tragen Sie bei der Arbeit eine Uniform? Wenn ja, beschreiben Sie sie bitte.

> Wie Sie sehen, ist unsere Uniform eine dunkelblaue Hose mit einem hellblauen Hemd, nichts Besonderes.

Beschreiben Sie bitte auch sich selbst:

> Meine Persönlichkeit… das können andere besser beurteilen, aber ich weiß von mir, dass ich gut mit Menschen umgehen kann. Ich bin ziemlich sensibel und bei der Arbeit sehr verantwortungsbewusst, obwohl das hier überhaupt nicht mein Traumjob ist. Ich tue aber mein Bestes.

Raschid trug als Kind einmal eine Fahne vor sich
her, in blau und rot und grün. Er schwenkte die
Fahne und sah dem Stoff bei seinen Bewegungen zu.

Eine ganze Zeit nach dem ansonsten sehr
unauffälligen Zwischenfall in der Nacht ist Raschid
in eine andere Stadt gezogen. Anja hat Raschid nie
wieder gesehen, und Raschid Anja auch nicht.

Und allen bleiben immer Zweifel.

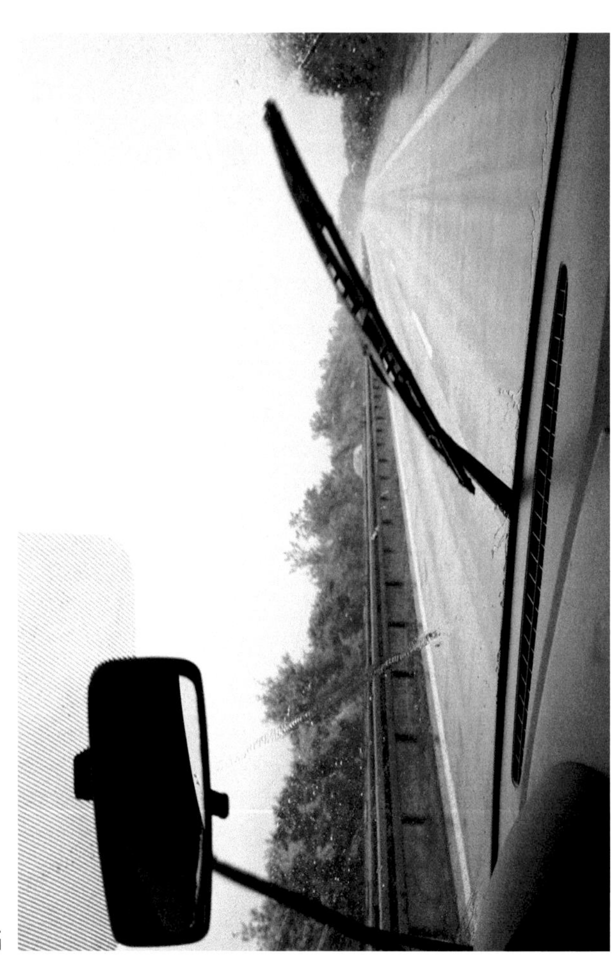

Stellen Sie sich vor, dass Sie sich jeden beliebigen Ort auf Erden wählen könnten, um dort als Nachwächter eine Nacht zu arbeiten und beschreiben Sie Ihre Erwartungen von dieser Nachtschicht. Jeden beliebigen Ort.

> Irgendwo auf einer Insel. Auf irgendeiner. Irgendwo, wo es einen kleinen Betrieb gibt. Dort könnte ich, sozusagen, diese Nachschicht verbringen. Das würde mir eine besondere Empfindung geben und ich würde etwas Interessantes und Neues fühlen.

Großartig. Beschreiben Sie eine gewöhnliche Nacht während Ihrer Arbeitsschicht und was spielt sich in der Regel ab.

> Nun, bei uns hier ist alles ziemlich eigen[artig]. Nun gewöhnlich merkt man immer, dass ab halb zwei Mosstroj [Moskauer Baubetrieb] zu arbeiten anfängt. Die Kumpels fangen an. Von der Seite der Eisenbahn [her] rollen die ganze Nacht Autos. Daher… oft kommt die Polizei hier vorbei. Die Sackgasse ist hier bei uns – die Sackgasse. Oft kommt die Polizei vorbei. Die Burschen jagen sich gegenseitig. Ich habe manchmal schon gezeigt, wer wo sich versteckt hat. Nun sonst, fängt bei uns um fünft morgens schon Verkehr. Bald Einlasspforte, bald das Tor. Auf Schritt und Tritt. Nun ja, solch eine Geschichte.

Beschreiben Sie das Zimmer, wo Sie die Zeit während Ihrer Nachtschicht verbringen und was Ihnen an dem gefällt.

> Nicht gefällt?

Gefällt.

> Nun, wissen Sie, ich arbeite hier schon seit zehn Jahren, mehr als zehn Jahren [das elfte Jahr]. Und unser altes Mütterchen – schon fünf oder sechs Jahre. Nun, der Mensch wächst in das alles hinein. Mir kommt dort alles bekannt und heimisch vor. Und manchmal versuche ich, dort etwas zu verändern, etwas zu ergänzen. Vielleicht ein Poster oder vielleicht ein Aushang zum Silvester zu schreiben. Nun, das ist schon zum Teil unseres Lebens geworden.

Nennen Sie fünf Objekte, die für Sie während Ihrer Arbeitsschicht wichtig sind.

> Na ja, als erstes ist es das Gotteshaus, das ist der Eingang zum Gotteshaus, alle Türen, Tore, Einlasspforten. Und besondere [Aufmerksamkeit… Besorgnis] – braucht der Kinderspielplatz und das Gebäude des 20. Hauses. Zum Kinderspielplatz kommen welche manchmal Bier zu trinken, es gibt auch immer welche, die Vodka zu trinken wünschen. Man ist dann gezwungen zu schimpfen und zu diskutieren [mit ihnen]. Im Großen und Ganzen – der Umfang des ganzen Territoriums, alle Toren und Einlasspforten und Eingangstüren zum 20. Haus. [sind wichtig]

Gab es während Ihrer Schicht irgendwelche besondere Vorfälle oder ungewöhnliche, eigenartige oder komische Erlebnisse?

> Ja, irgendwann bei uns vor dem Silvester, wann war das, ich kann mich nicht erinnern. Stürmen junge Zigeuner [in die Kirche]. Drei. Schnepfen. In Hosen bekleidet. So was gibt es manchmal. Gewöhnlich sind sie immer in Röcken. Und diese jung, so etwa 18 Jahre alt. Und ich was, ich habe sie bemerkt. Es war nicht meine Schicht, ich war hier nur anwesend. Und ich habe bemerkt dass…, wir haben so einen Kasten mit Krägelchen [Kopftüchern], sie werden hier getragen. Da kam sie [ein Mädchen] und hat so achtlos sie [Krägelchen] genommen und hingeschmissen. Und ich bin irgendwie darauf aufmerksam geworden und fing an sie zu beobachten. Und verstehen Sie, das sind Menschen… eine Frechheit ohne Ende, verstehen Sie… in die Kirche zu kommen. [aufgeregt] Und da… ich habe die Handtasche einer Oma geret-

Raschid hat früher Fußball gespielt, er hat sich die
Außenbänder des linken Fußgelenks gezerrt, seitdem
knickt er leicht um und spielt nicht mehr Fußball.

Raschid hat seiner Schwester ab und zu Essen
gemacht, bis die gestorben ist. Raschid vermisst seine
Schwester sehr.

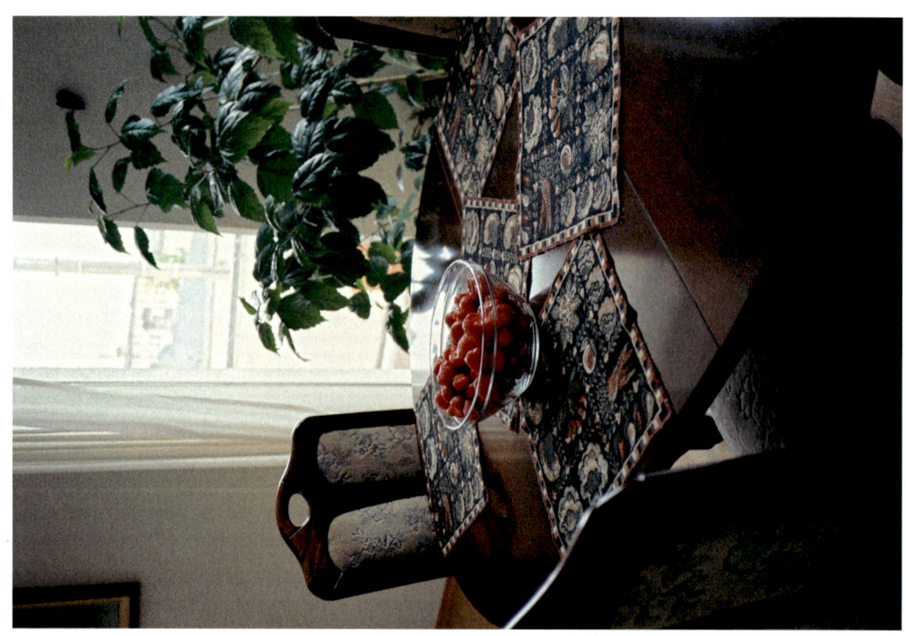

tet. Da hat sie [das Mädchen] sich an die Tasche angehängt [aufgeregt], sie geht, verstehen Sie, ganz frech und die Hand greift hinein [in die Tasche]. Und dann kam sie zu dem Kerzentisch und die Hand war schon in der Tasche und ich habe sie an der Hand gefasst. Gefasst habe ich sie und hinaus geführt, und ein bisschen „gestreichelt" [geschlagen]. Und da stand schon ihr Zuhälter. Nun, so ein interessantes Erlebnis gab es. Verstehen Sie, keiner hat irgendetwas sogar gemerkt. Alle waren beschäftigt. Normalerweise kommen Menschen zum Beten, die Seele erleichtern. Aber dieser Mensch ist gekommen um absichtlich etwas zu stehlen. Nun bei mir, verstehen Sie, es ist schon professionell. Nach elf Jahren weiß ich schon warum ein Penner gekommen ist und was er will.

Gab es vielleicht noch andere Vorfälle?

Na ja, Ikonen waren bei uns geklaut. Ich habe einen Burschen erwischt, schon im Ausgang … aus dem … Gotteshaus. Gleich auf der Stelle. Mit Bücher im Kirchenshop unter der Arm versteckt. Deshalb, gibt es bei uns sehr viele Erlebnisse. Es sieht nur so aus. Wer das nicht bemerken will, der bemerkt es nicht. Bei uns … bei uns sogar die Wachmänner so … ich, zum Beispiel, liebe meine Arbeit, ich liebe. Einige kommen so zu Arbeit – um acht ist er da und um acht ist er weg. Verstehen Sie, nichts interessiert ihn. Er kommt nur so, sogar am Telefon kann er keine vernünftige Antwort geben. Das geht mich nicht an, das geht mich nicht an. Dann sitze doch zu Hause! Nun so sind alle meine …

Gut. Großartig. Woran besteht Ihre Arbeit, die konkrete Aufgabe und was machen Sie, damit die Zeit schneller vergeht? Und brauchen Sie das überhaupt?

Ob ich meine Arbeitschicht brauche oder … ?

Nein, nein, etwas um die Zeit zu verkürzen.

Um die Zeit zu verkürzen … Wissen Sie, ich habe keine Freizeit, ich persönlich. Ich bin ewig mit etwas beschäftig. Nun gib es so was nicht, dass ich mich hinsetzen kann und Fernsehen gucke. Ich kann morgens für mich eine Stunde oder Halbestunde Zeit nehmen, um die Zeitung zu lesen. Die restliche Zeit ist kirchliche … hier bei uns ist diese Stelle ungünstig, in dem Sinne … das alles hier ist hinter dem Bahnhof. Menschen kommen zu uns, manche mit guten Absichten die anderen mit schlechten Absichten. Jedes mal muss man alles im Auge behalten. Weil manche können in die Speisesaal [in der Kirche] reinkommen, dreckig und stinkend, … die es wollen. Einige versuchen in das Fenster zu steigen … wenn sie es brauchen. Solche Fälle gab es auch. Deshalb die Zeit zu verkürzen … für mich persönlich, persönlich für mich gibt es so einen Begriff „Zeit zu verkürzen" nicht. Sie rennt von alleine, manchmal wird die Zeit lang und manchmal rennt sie sehr schnell, dass man gar nicht gemerkt hat, dass es schon morgen ist. Nachts ist es ein bisschen schwieriger, schwerer. Tagsüber rennt die Zeit schnell.

Frage entfällt, weil sie war „Ob Sie die Zeit bemerken"

Nein.

Dann die achte Frage: Haben Sie schon mal während Ihrer Arbeitsschicht Angst verspürt?

Wissen Sie, einmal abends bin ich auf den Kinderspielplatz herausgegangen und bin auf einen jungen Mann aufmerksam geworden, er stand da mit einer Plastiktüte auf dem Kopf und atmete. Nun habe ich verstanden, dass er ein Drogenabhängiger ist. Ich bin an ihn näher herangegangen und sagte: „Los, scher dich schnell hinaus". Er holte so ein Jägermesser vor und bewegte sich frech auf mich zu! Nun, was soll man sagen, ich wirklich … Mensch … jeder Mensch hat Angst. Man kann es alles so furchtlos erzählen. Nein, in jedem Mensch kann Angst ausgelöst werden. Daher … Nun haben wir diese Situation nachher korrigiert, haben einen kleinen Stock genommen und so haben wir diese Situation gelöst.

Situation mit Angst haben wir geklärt also neun. Mögen Sie die Nacht und fühlen Sie sich wohl nachts? Wissen Sie, immer wenn ich an die Nacht denke … mit dem Wort Nacht assoziiere ich meine Kindheit, verstehen Sie. Wenn wir in der Kindheit als jüngere Stifte waren und die größere Jungs gingen zum Disko. Sie haben uns, kleine Jungs mitgeschleppt. Es war für uns auch interessant. Und später gegen zehn oder elf Uhr haben sie uns nach Hause schon geschickt. Und so gingen wir in der Nacht und mal haben wir gesungen oder mal was geschrien. Dieses Nachtgefühl – das war die Kindheit. Das hat sich so eingesetzt [entwickelt]. Jetzt hat sich natürlich alles verändert. Nachts fühle ich mich sehr ruhig. Normalerweise wenn die Nacht kommt, verbinde ich sie mit meiner Kindheit, verstehen Sie. Jetzt ist natürlich alles schon … das Alter, ich bin schon sechzig. Alles hat sich irgendwie geändert.

Und die letzte Frage, die zehnte: Tragen Sie eine Uniform während der Arbeit und wenn ja, beschreiben Sie diese. Und beschreiben Sie sich selber [im Allgemeinen]. Nun, was ist mit der Uniform, Uniform … Wir ziehen das, was da ist. Eine spezielle Uniform wird uns nicht ausgehändigt. Wir ziehen das an, was wir wir haben. Wie soll ich mich beschreiben, ich bin sechzig [schmunzelnd] Jahre alt. Größe [schmunzelnd] ein Meter einundachtzig. Gewicht [lachend] dreiundneunzig Kilo. Frau, Kinder, Enkelsöhne, Enkeltöchter [lachend]

Wissen Sie es ist wahrscheinlich alles. War sehr angenehm. Vielen Dank, für mich auch.

Es ist ein regengrauer, warmer Samstagmorgen. Einer, der nicht geplant war. Einer, der aus einem Fehler resultierte. Es ist morgens, Berlin, und ich merke, wie ich ausbreche, wie ich mich auf den Tag freue. Nun ist nicht mehr Mai, wie es an jenem Samstag der Fall war. Kristin wartet im Prenzlauer Berg. Vito springt ins Auto, er ahnt, dass ein Ausflug ansteht. Ahnt er das? Kann er das ahnen? Falls ein Tierpsychologe oder ein Verhaltensforscher für Hunde diese Zeilen liest, und vielleicht dieses Buch, denn ein Buch ist es, ob ich das möchte oder nicht…
(eigentlich möchte ich es nicht, eigentlich sollte es nur die Form eines Buches haben, die Verformung eines Buches, die Deformierung eines Buches. Joachim hilft mit seiner Konstanz und seiner Auffassung, mir zu vermitteln, dass es auch um den Leser und die Leserin gehen soll und trotzt mir dabei ab, dass mir die Zuschauer am Ende auch nicht gänzlich egal ist)…
in den Händen hält, so bitte ich ihn oder sie, mir doch zu schreiben und mir zu sagen, ob Vito ahnen konnte, dass es einen Ausflug gibt.

Sicherlich kann er Zeichen lesen und meine Körpersprache deuten und möglicherweise zeitbasiert diese Dinge kombinieren. Ich liebe ihn sehr und bin froh, dass er auf diesen Seiten wiederzufinden ist. Zurück in den Mai. Am Vorabend stand ich vor einer Galerie in Kreuzberg und spürte schon den viel zu guten Veltliner, es waren österreichische Künstler, die ausgestellt und geladen hatten. Björn, der dort sagte, dass er bald Vater wird und dem ich im Laufe des Abends, unter der Zeugenschaft von Milena, Jonas und Micha entlockte, dass ich der Patenonkel für das Kind werden würde, stand neben mir, als mir der Einfall kam, Jelena anzurufen. Jelena Boldt. Jelena Boldt. Dieser Name war der Grund, weshalb ich mir dachte, am nächsten Tag, einem Samstag im Mai, nach Rostock zu fahren. Ohne sie wäre das Interview aus Moskau, bei dem die Datei den Titel *Interview Nachtwächter (Grüße aus Moskau)* hatte, nicht so charmant und reich übersetzt worden. Nun wollte ich für diesen Namen nach Rostock fahren und ein Portrait von Jelena für dieses Buch bekommen, sozusagen als Ausgleich dafür, dass ich es versäumt hatte, in den

Raschid ist mit der Nabelschnur um den Hals zur Welt gekommen, sodass sie ihm die Luft abschnürte. Obwohl die Ärzte gesagt haben, dass man nicht sagen könne, was das für Auswirkung haben könnte, hat man davon später nichts mehr gemerkt.

ersten Monaten der Aufführung meines Filmes diesen Namen im Abspann zu nennen. Ich rief sie an, nachdem ich zunächst ihren Sohn Stefan erreicht hatte, meinen alten Mitbewohner, ein hochintelligenter, jugendlich und dennoch greisenhaft wirkender Mensch, um diesen zu fragen, ob es in Ordnung wäre, die Mutter an einem lauen Freitag im Mai um 22 Uhr anzurufen. Nach dem OK und einigen Wartezeichen hob Björn ab, nicht der, der vor der Galerie stand. Kurze Zeit später Jelena. Dass ich es doch nicht machen müsse, dass es völlig ok wäre. Nein, dass es nicht nötig sei, ein Bild zu machen. Sicherlich, es wäre in Ordnung. Ich merkte wie der Veltliner wirkte und Björn mir nachschenkte. Aber es müsse doch nicht sein. Es wurde immer notwendiger. Kristin Krause erreichte ich kurze Zeit später und traf sie am regengrauen Samstagmorgen. Das Ziel Rostock, ein weiteres, ein Portrait von Jelena zu haben. Der Weg dorthin, auch ein Ziel. Björn und ich haben seither nicht mehr so offen über die Patenschaft gesprochen wie an dem Freitag im Mai, als uns der Veltliner gut tat.

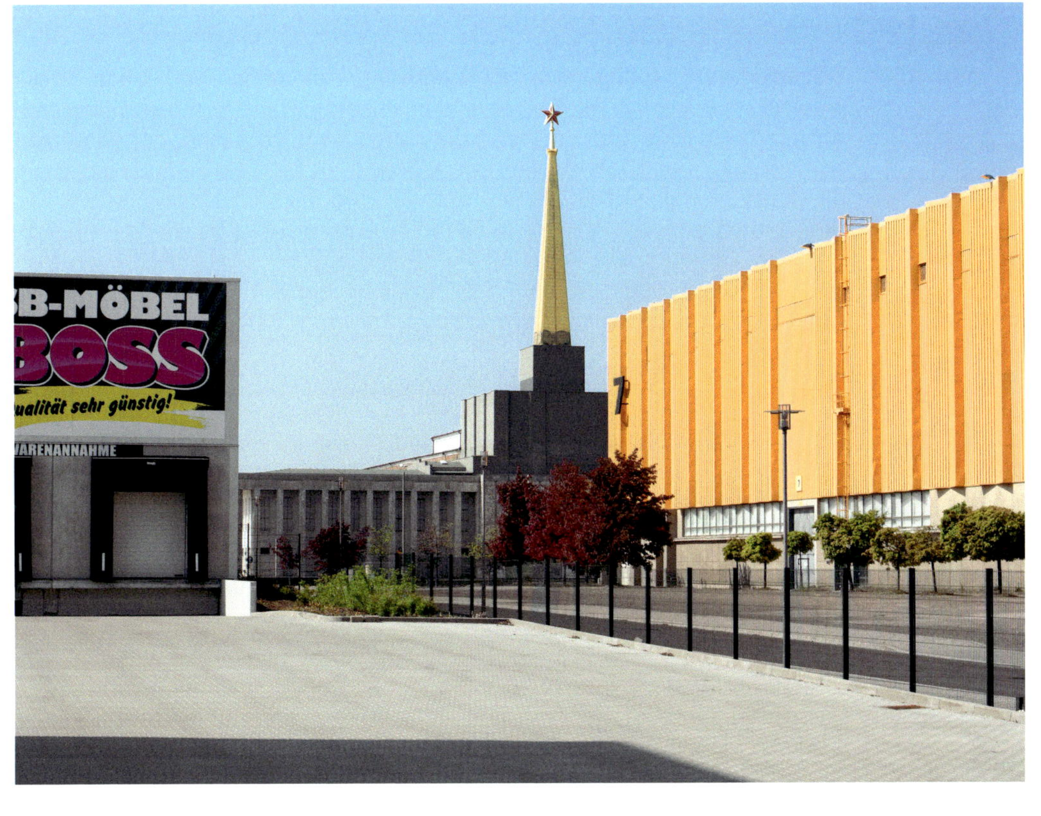
SB-MÖBEL
BOSS
Qualität sehr günstig!
WARENANNAHME

Hallo, ich würde sagen, wir fangen gleich mal an.

> Ja, klar, lass uns anfangen, die Nacht dauert ja nicht endlos – glücklicherweise.

Ich frage mich, wie das wohl ist, wenn du aus deinem Häuschen raussiehst, es ist dunkel, du bist alleine … stellst du dir da manchmal vor, woanders zu sein? Woanders zu arbeiten? Wie wäre es, wenn du dir aussuchen könntest, wo du arbeitest?

> Meinst du hier in Tirana?

Ja, zum Beispiel aber auch weltweit gesehen, wenn du dir ein Land aussuchen könntest, einen Ort, wo du arbeiten könntest. Was wäre das?

> Ich war bisher einmal in Deutschland zu Besuch bei meinem Onkel. Dort hat es mir eigentlich ganz gut gefallen, aber er lebt auf dem Land in der Nähe von Stuttgart, das wäre mir zu langweilig und zu ruhig. Ich mag Tirana, es ist eine gute Stadt. Vielleicht nicht. Klar, es ist laut, aber die Stadt und die Leute wissen es zu leben. Es wurde viel gebaut und noch immer gibt es immer wieder neue Dinge, die entstehen. Klar, ich kann das Ganze nur von außen sehen, aber so ein neues Haus hätte ich auch gerne mal.

Also bist du zufrieden in Tirana?

> Ja, meine Frau und ich sind glücklich hier. Wir sind durch Italien gefahren, als wir meinen Onkel in Deutschland besuchten. Da hat es uns nicht so gut gefallen. Aus Filmen und Serien war ich auch schon mal in den USA, natürlich war ich noch nicht selbst dort – aber es wird gesagt, dass es ein gutes Land ist.

Wie sieht eine Nacht bei dir aus?

> Du meinst, wenn ich arbeite? [lacht]

Ja genau, also wie sieht deine „Arbeitsnacht" aus?

> Während meine Kollegen von der letzten Tagesschicht da sind, mach ich mir einen starken schwarzen Tee, so wie ich ihn mag. Dann reden und scherzen wir alle noch miteinander. Wenn die Jungs dann weg sind, gehe ich eine erste Runde, und guck, ob alles am rechten Platz ist. Das Gelände ist ja, wie du siehst, ziemlich groß. Ich kann keinen Überblick über das gesamte Material haben, aber das ist auch nicht meine Aufgabe, da ich ja nicht weiß, was tagsüber verkauft oder abgeholt wurde. Ich lege für mich immer zu Beginn der Nacht fest, dass ich diesen Ort verlasse, so wie ich ihn vorgefunden habe …

Moment, wie meinst du das?

> Naja, mir ist dann immer recht schnell klar, dass ich völlig alleine bin. Die Anderen sind dann schon lange gegangen, wie als ob sie geflohen wären. Vielleicht sind sie auch vor der Nacht geflohen – so stelle ich mir das vor, als ob sie geflohen wären und nicht mehr zu sehen sind [lacht]. Meine Aufgabe jedenfalls ist es, hier zu bleiben, egal was passiert. Sie sind verschwunden, aber ich bin geblieben. Und dann ist es meine Aufgabe, diesen Ort zu verteidigen, sodass ich ihn am nächsten Tag übergeben kann, wie ich ihn vorgefunden habe. Ja, darum geht es, Nacht für Nacht.

Hattest du jemals Angst wenn du alleine warst?

> [lacht] Naja, ich bin immer alleine hier – ich darf keine Angst haben, sonst wäre ich der Falsche für diesen Job. Das versuche ich auch meinen beiden Jungs beizubringen.

Was genau versuchst du ihnen beizubringen?

Dass es nicht schlimm ist alleine zu sein. Es ist schlimm einsam zu sein, aber nicht alleine zu sein. Weißt du, in der Dunkelheit lernst du so viel über dich selbst und über das Leben. Was ist zum Beispiel schon Zeit? Was bedeutet das? Ich kann es dir auch nicht genau sagen, die Uhr oder der Wecker, sie versuchen dir vorzugaukeln, dass sie es besser wissen, aber nein. Das sind Trugbilder. Die einzige Wahrheit ist hier und hier [zeigt auf Kopf und Herz], auch was die Zeit betrifft. Zeit ist ein Gefühl und das kann sich immer ändern. Es geht nicht im Gleichschritt. Zeit kann man in Einheiten packen, aber das dient nur der Kommunikation, nichts weiter.

Kommst du denn manchmal zu spät zur Arbeit, wegen deinem Blick auf die Zeit?

Nein, nein, wie gesagt, für die Kommunikation ist das wichtig, für die Gesellschaft und die Wirtschaft ist Zeit wichtig, für mich als Arbeiter ist Zeit wichtig. Für mich als Menschen ist Zeit unwichtig – Lebenszeit ist hingegen wichtig.

Liest du eigentlich während deiner Arbeit?

Offiziell nicht [lacht]. Aber es gibt Momente. Meine Mutter gab mir vor Jahren ein Buch, Mimoza Ahmeti, du kennst sie vielleicht? Es sind Gedichte, lauter Gedichte. Sie lassen mich oft nachdenken und ich werde nicht müde, sie zu lesen.

Hattest du schonmal komische Erlebnisse während so einer Nacht?

Ja, habe ich öfter gehabt. Aber vieles vergesse ich wieder und einiges bleibt hier oben hängen und brennt sich ein.

Magst du oder kannst du davon erzählen?

Es gab eine Nacht, in der dachte ich, dass mich Nëna Shqipëri [Mutter Albanien] rufen würde. Ich weiß, dass sich das verrückt anhören muss, aber sie ist ja nicht weit. Es war im Sommer und es wurde hell, ich hatte das Gefühl, dass mir eine Stimme zusprechen würde. Ich hatte damals große Sorgen mit meinem Vater, ich weiß nicht, es war wie im Traum, vielleicht waren es auch nur die Vögel und ich war wirklich verrückt [lacht].

Was hat dir die Stimme gesagt?

Das habe ich nur meinem Vater erzählt, einen Monat später ist er gestorben, aber ich saß neben ihm und ich konnte ihm wieder Respekt zeigen.

Das hört sich fantastisch, fast wie eine Geschichte an, wie eine schöne Geschichte.

Das ganze Leben besteht nur aus Geschichten, aber dafür sind wir doch hier auf dieser Erde.

Meinst du, dass dir dieses Erlebnis auch tagsüber hätte passieren können?

Ich weiß es nicht, aber vielleicht nicht. Nachts hört man auf die Zeichen der Umgebung und auf die Vögel [lacht]. Am Tag ist so viel Lärm überall, auch in den Menschen selbst. Das siehst du in ihren Gesichtern auf der Straße. Wenn ich am Morgen nach Hause gehe, bin ich immer ganz ruhig. Klar, müde bin ich auch. Aber die Gesichter vieler Menschen kommen mir wie von einem inneren Terror gezeichnet. Ich bin dann wieder froh meine Jungs zu sehen. Weißt du, sie sind noch jung, sie haben das noch nicht. Sie freuen sich auf den Tag, sogar auf die Schule manchmal. Das geht im Laufe des Lebens den Menschen verloren. Ich weiß nicht wieso. Weißt du, mein Leben ist einfach – ich bin zufrieden. Eigentlich mit allem. Mit meiner Familie, mit mir und meiner Arbeit. Ich habe die Nacht für mich.

Anja läuft hinter Raschid, sie lässt ihren Zeigefinger an den Hauswänden mitschleifen.

Am ausgetrockneten See liegt Raschid nächtelang wach und wartet. Vielleicht auf das Wasser. Anja liegt hinter einer Düne und hat Raschid nach ein paar Stunden vergessen, sie wartet dann auch auf etwas.

Anja liegt hinter der Düne und lässt ihre Gedanken los. Die wandern zwar um Raschid, sie gehen aber auch in ihre Kindheit. Sie erinnert sich an eine Nacht am See, als der See noch Wasser hatte. Sie war mit ihrem Vater hier, und sie waren allein.

Anja erinnert sich an die Nacht, in der die Sohlen ihrer Schuhe so durchgelaufen waren, dass sie eigentlich hätte nach Hause zurückkehren müssen, aber

Ok, zu etwas Anderem. Kannst du beschreiben, wie du aussiehst während du arbeitest?
Ich sehe immer normal aus. Ich trage keine Uniform, ich bin ja nicht mehr bei der Armee. Ich habe gerade eine Jacke und einen Pullover an. Ansonsten ist nichts weiter Bemerkenswertes daran. Die Jacke ist dunkelblau, der Pullover ist braun, meine Mutter hat ihn mir vor zwei Jahren gestrickt. Die Nächte werden wieder kälter, deswegen trage ich ihn sehr gerne – er hält mich warm.

Wie sieht dein Raum aus?
Es ist ja nicht nur mein Raum, während des Tages sind hier auch Kollegen. Ich habe hier meinen kleinen Tisch, eine kleine Lampe. Was noch? Eine Kaffeemaschine, aber die brauchen nur die Kollegen vom Tag. Ich hab mir mal eine Pflanze hierher mitgenommen, aber ihr geht es nicht sonderlich gut. Wenn du in diesem Raum ein Geräusch machst, spürt und hört man es überall in diesem Raum, es hallt immer ein bisschen, aber das stört mich nicht, da es nicht viele Geräusche gibt.

Bist du auch manchmal außerhalb deines Raumes? Beispielsweise in der Lagerhalle unterwegs?
Ja, ich schließe dann meinen Raum ab, und gehe durch die Halle und gucke mich ein bisschen um. Ich kann aber eigentlich sicher sein, dass hier niemand ist, da es nur einen einzigen Ausgang gibt, und der liegt direkt bei meinem Raum. Jeder, der rein und raus will, muss an mir vorbei.

Bedeutet das, dass du während der Nacht nie schläfst?
Ich bin immer wach. Dafür werde ich bezahlt. Schlafen kann ich mittags. Mittlerweile brauche ich nicht mehr viele Stunden, um zu schlafen. Ich schlafe auch nur, wenn meine Familie nicht da ist.

Wie sieht dein Tag aus?
Ich komme nach Hause und sehe meine Kinder und meine Frau. Ich kümmere mich um die Kinder, während sie sich für die Arbeit fertig macht. Sie arbeitet in einem Büro in der Stadt. Dann, wenn sie weg sind, höre ich Radio, und lege mich irgendwann dann hin. Am frühen Nachmittag stehe ich dann wieder auf. Es ist aber auch schon vorgekommen, dass ich von meinen Kindern geweckt wurde. Sie wissen, dass sie mich wecken können. Weil ich nichts verpassen möchte. Oft geht meine Frau dann nach der Arbeit noch zum Markt. Manchmal mache aber auch ich das. Dann Essen wir zusammen und danach gehe ich wieder zur Arbeit.

Magst du eigentlich die Nacht?
Wie schon gesagt, ich mag es alleine zu sein, keine schlecht gelaunten Menschen um mich herum ertragen zu müssen. Ich mag die Ruhe der Nacht, die Möglichkeit über Vieles nachzudenken, ich mag es in den frühen Morgenstunden das Fenster zu öffnen, zu stehen und eine Zigarette zu rauchen. Dann rede ich manchmal mit den Vögeln. Wenn mich jemand beobachtet, muss er denken, dass ich verrückt bin. Vielleicht bin ich es, vielleicht sind wir es alle. Nur die Vögel nicht, die nicht. [lacht].

Ok, danke. Kannst du dich noch kurz beschreiben? Der Künstler sieht ja kein Bild von dir.
Ich habe eine Bart und meine Frau sagt, dass er langsam grau wird – dabei bin ich erst 38. Ich bin etwas größer als die meisten hier, und ich bin immer noch so schlank wie damals bei der Armee. Tut mir leid, aber mehr kann ich nicht sagen.

Vielen Dank, das ist alles sehr gut. Ich wünsche dir eine gute Nacht und schöne Gespräche mit den Vögeln. Danke, das wünsche ich dir auch [lacht].

Anja, eine kleine, sehr hübsche Frau aus der Scharan Nasran, beobachtet Raschid seit Jahren. Anfangs träumte Anja davon, dass Raschid plötzlich hinter ihr steht, sie von hinten umarmt und ihr langsam die Hand in den Schritt schiebt. (Wenn Raschid ankommt, ist sie aufgewacht.)

Anja erinnert sich an den Mond, als der es noch wert war, von Anja beobachtet zu werden.

Anja sitzt in einer vollen Bahn und es ist sehr kalt. Sie sitzt nur in der Bahn, weil Raschid angeblich, sie hat es im Gefühl, auch in der Bahn sitzt. Und als Anja durch das Fenster des losfahrenden Zuges, am kältesten Tag im Jahr, Raschid auf dem Bahnsteig bis zu den Knöcheln im Schnee stehen sieht, ärgert Anja sich sehr. Für einen Augenblick treffen sich ihre Blicke.

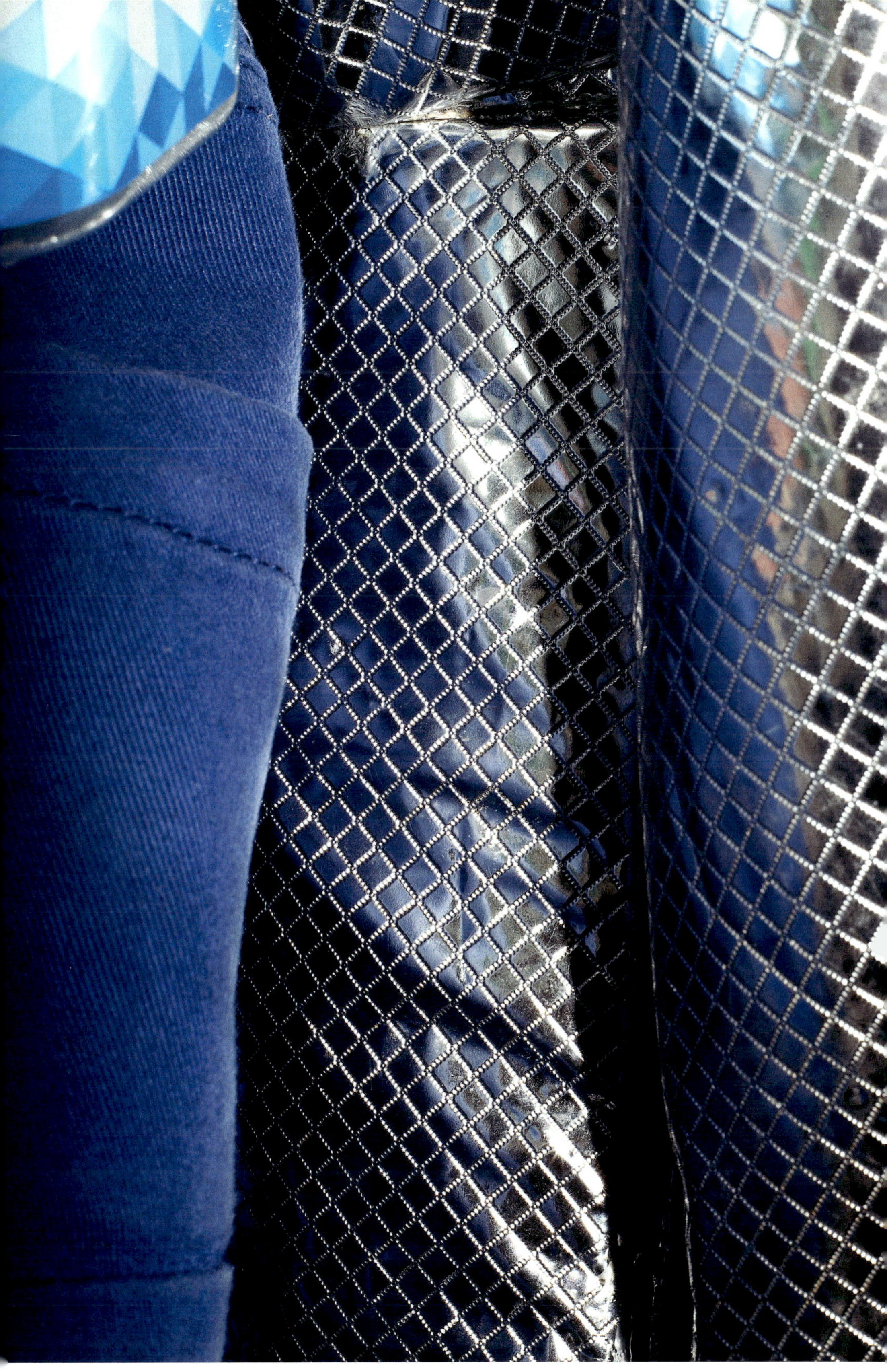

An welchem Ort der Erde könntest du dir vorstellen Nachts zu arbeiten?
> Paris. Eigentlich eine schwierige Frage, aber ich würde sagen Paris.

Warum?
> Warum? Weil ich dort eine Freundin habe und weil ich viel gutes von dieser Stadt gehört habe. Auch schlechtes, aber es soll sehr schön sein, mit vielen Leuten von hier.

Was gefällt dir an dem Ort, an dem du bist, an Yaoundè?
> Es ist die Liebe zur Stadt, die ich habe. Ich arbeite gerne draußen. Mit Blick auf die Stadt und den Geräuschen der Stadt. Es ist Ende September nicht zu warm und nicht zu kalt und es ist sehr angenehm. In der Nacht ist es ruhig und du hast den Eindruck, dass du die Stadt für dich alleine hast, du kannst sie gut überblicken. Du hast den Eindruck, die Stadt gehört dir. Yaoundè gefällt mir. Es muss eine kosmopolitische Stadt sein, weil ich ein Kosmopolit bin. Ich fühle mich in allen großen Städten wohl.

Was machst du genau? Könntest du das kurz beschreiben?
> Ich bewache diese Lagerhalle, hier. Ich gehe meine Runden, ich bin alleine, aber das Gelände ist mit einem Zaun umgeben, sodass ich eigentlich immer alleine bin. Ich höre lediglich die Stadt und die nähere Umgebung. Also, ich komme an und bekomme einen Zettel und gebe diesen meinem Kollegen von der Tagesschicht. Dann fange ich an meine Runden zu drehen. Ich rauche Zigaretten dabei und umkreise das Gebäude. Ich hab auch ein kleines Häuschen, mit einem Stuhl. Die Hütte hat eine kleine Scheibe. Einen Schreibtisch habe ich nicht. Hier wäre überhaupt kein Platz dafür [lacht]. An und für sich mache ich nichts besonderes. Ich muss nur die Zeit verbringen. Ich lese, ich verbringe die Zeit. Ich darf nur nicht schlafen. Der Bereich, der die Halle umgibt ist mein Reich, in das niemand rein darf, bis der Kollege zurückkommt. Ich habe noch einen zweiten Job. Manchmal, wenn ich dort gebraucht werde, übernimmt mein Schwager die Halle und ich gehe ins Krankenhaus und passe auf kranke Menschen auf.

Kranke Menschen?
> Ja, Patienten im psychiatrischen Teil des Hospitals. Bei meinem Job auf der Psychiatrie, der sehr gut bezahlt ist, passe ich Nachts auf Patienten auf. Meistens sind das Suizidgefährdete Personen, die 4–5 Tage rund um die Uhr bewacht werden müssen. Ich komme gewöhnlich gegen 20 Uhr, dann schlafen die Patienten aber schon. Und wenn ich um 6 Uhr gehe, dann schlafen sie immer noch. Du darfst alles machen nur nicht den Raum verlassen. Da habe ich aber immer Angst. Das, wenn ich nicht aufpasse etwas passiert, dass sie sich umbringen oder etwas antun. Ich gucke den Patienten 10 Stunden beim Schlafen zu. Du kennst die Patienten meistens nicht, du weißt nicht, wie er tickt. Du findest ihn immer nur schlafend vor. Wenn du Glück hast, und das hast du meistens, schläft er, weil sie unter Betäubungsmittel stehen. Ja, aber ich denke mir immer, wenn er jetzt aufwacht und eine Krise bekommt, was soll ich dann machen? Ich bin ja nicht mal dafür ausgebildet. Was ist, wenn er gewalttätig wird? Ich bin dann bei unterschiedlichen Patienten, aber die Räume sehen aus, wie im Krankenhaus. Es ist ja Teil des Krankenhaus. Du hast einen Stuhl. Du kannst essen. Sie bieten mir auch immer ein Bett an, obwohl ich gar nicht weiß warum. Aber, ich habe dort riesige Angst. Es ist sehr gut bezahlt. Ich bin für diesen Job immer auf Abruf. Dafür, dass ich einfach da sitze und Menschen beim schlafen zugucke, ist es sehr sehr gut bezahlt. Gut, easy Money. Bis es irgendwann mal gefährlich wird.

Gibt es etwas was du in den Räumen magst?

Mir gefällt an diesen Räumen in der Psychiatrie überhaupt nichts. Sorry, da bin ich radikal, aber mir gefällt daran überhaupt nichts. Die Lagerhalle, finde ich sehr schön, Es ist dort alles perfekt, weil ich draußen bin.

Hast du fünf Objekte, die du bei deinen Jobs in der Nacht unbedingt brauchst?

Fünf Objekte? [er lacht] … Sehr wichtig sind Zeitungen. Ich nehme mir pro Nacht immer so vier, fünf Zeitungen zum lesen mit. Ich nenne das Propaganda, das ist gut. Ich lese alles. Weil in dem Moment muss ich einfach Zeit verbringen. [er singt: *Welche Objekte noch…?*] … Ich brauche eigentlich nicht mehr. Ok, der Stuhl ist wichtig, und mein Tee. Ich komme nicht auf fünf Objekte. Die Kamera, an der Halle. Kameraüberwachung. Wenn man schläfrig wird, muss man aufpassen, dass die Kamera einen nicht dabei erwischt. Die Kamera überwacht uns und du darfst nicht schlafen. Ich nehme mir dann immer meinen Tee mit. Was anderes brauche ich nicht. Abends höre ich dann vor dem Tor oft betrunkene Leute. Aber ich trinke ja, Gott sei dank eh keinen Alkohol. Ja, das sind alles Sachen, wo man sich keine großen Gedanken machen muss.

Hast oder hattest du mal Angst?

Da muss ich mal nachdenken. Du bist meisten in Hallen und dort nachts reinzukommen ist sehr schwer … Außer kleinen Diebstählen passiert nichts. Aber in der Psychiatrie, da bist du mit dem Patienten und mit Gott alleine. Ich kann mich nicht erinnern, dass ich Angst hatte. Ich hatte mal draußen, vor der Halle Angst. Aber mittlerweile genieße ich es alleine zu sein, und auch die Dunkelheit. Es kann nichts passieren. Aber auf der Psychiatrie habe ich immer Angst. Je nachdem, was er bekommen hat, oder je nachdem, was seine Geschichte ist.

Hast du Pflegerkleidung an?

Nein, ich bin in Zivil und habe meinen Batch.

Ein verschwommenes Bild. Ein konspiratives Bild mit fünf verschiedenen Telefonen. Während weiter unten der Straßenlärm in der Hitze des Dampfes des Kontinents untergeht, muss leise gesprochen werden. Ein Familienmitglied wurde in der Vergangenheit bei einem offiziellen Essen vergiftet. Es muss leise gesprochen werden. Das High-Life in Tokio und Washington ist vorbei. Es gibt keinen Kontakt mehr zur Familie und das Telefonat ist beendet. Welches Gerät, mit welcher Endnummer nun probieren? Ein neuer Versuch, die Verbindung – eher schlecht, er ist wieder ausgetreten, auch Faschisten, genau wie die Linken. Das Zimmer der Psychiatrie dampft, das Land dampft, der Kontinent dampft, es wird intelligent analysiert. Er dampft nicht, er ist distanziert und kühlt sich und kann eigentlich nichts machen, denn der Irre schläft vor ihm und wacht besser nicht auf. Denn wie würde er reagieren, sähe er den Dampf nur nicht?

VOM SÜLLBERG

Die graue Spitze vom Süllberg sieht man vom Meer aus, dann, wenn die Wolken nicht tief hängen, was nie ist. Ein Wässerchen, das ein Fluss ist, liegt am Süllberg an und frisst sich sehr langsam durch den Stein, der Lehm ist, grauer Lehm, in den die hölzernen Hütten, in denen wir wohnen, hineingerammt sind.

Hast du auch Taschenlampe und Schlagstock?

> Nein, es ist ziemlich safe. Es ist safe. Ich habe mal was gehört. Ich weiss nicht ob ich das sagen darf. Es geht letztlich nur um die Versicherung. Manche haben Schmuck und es geht in erster Linie um die Versicherung. Ich bin mittlerweile ein Nachtmensch. Mittlerweile kann ich tagsüber nichts mehr machen, deshalb mag ich den Tag nicht besonders. Ich fühle mich ab 16 Uhr wohl und dann verstehe ich die Welt. Ab 16 Uhr verstehe ich die Welt. Vorher weiss ich gar nicht, was die Leute eigentlich machen, oder was man machen muss. Ich langweile mich, wenn ich tagsüber zuhause bin. Ich arbeite ungefähr 10 Nächte im Monat. Ich arbeite 10 Tage aber das fickt dich 20 Tage. Ein Drittel der Zeit lebe ich wie andere Menschen und dann irgendwann werde ich wieder zum Nachtmenschen. Ich arbeite immer von 22 – 8 Uhr morgens. Jeder Mensch ist glaube ich ca. 16 Stunden aktiv. Wenn ich nachhause komme bin ich bis 12 / 13 Uhr wach und dann wie gesagt, manchmal finde ich Zeit zu kochen, manchmal nicht. Ich schlafe von 13 – 21 Uhr. Ich bin einfach nur da. Ich bin einfach nur präsent. Ich gucke nur, dass alles so bleibt, wie es hinterlassen wurde.

Kannst du dich selbst beschreiben?

> Oh je. Was soll ich denn da sagen? Da schweige ich lieber drüber. Ich bin André, Mitte dreißig. Kameruner, Westliche Küste. Mehr will ich nicht sagen, ist das ok?

Dieser Fluss ist einer, der sich ganz spät auftut und eher ein Rinnsal, kein Strom, bildet, der unter der Wasserlinie aber dennoch tief ist und das hat nichts mit den stillen Wassern zu tun. Eher so, wie wenn ein vertikal gekipptes Flussbett daherkommt.

Wie Lanzen sehen diese Hütten vom Meer aus, die
so spitz im Boden stecken wie sie sich zum Himmel
ragen, in den dicken Bäuchen leben wir, die wir sind.

Wir legen die Kinne auf die Mauer, die ein
Mäuerchen ist, (die eine Mauer ist) und zielen mit
unzähligen Fingern auf das Meer. Um den Süllberg
brechen die Wellen sich gegenseitig in die Gischt,
wir verfolgen mit unzähligen Augen ein Geschehen,
das uns etwas kostet. Wir sind die Wächter! Vom
Gipfel an kommt nur ein Himmel an uns vorbei, nur
eine zu tief hängende Wolke, unser ärgster Feind.
Wir beschützen die Hütten, den Lehm, der die Erde
ist, die der Stein ist, aus dem der Süllberg ist, an den
sich sacht ein Wässerchen schmiegt, uns zum Leben
zu gefallen.

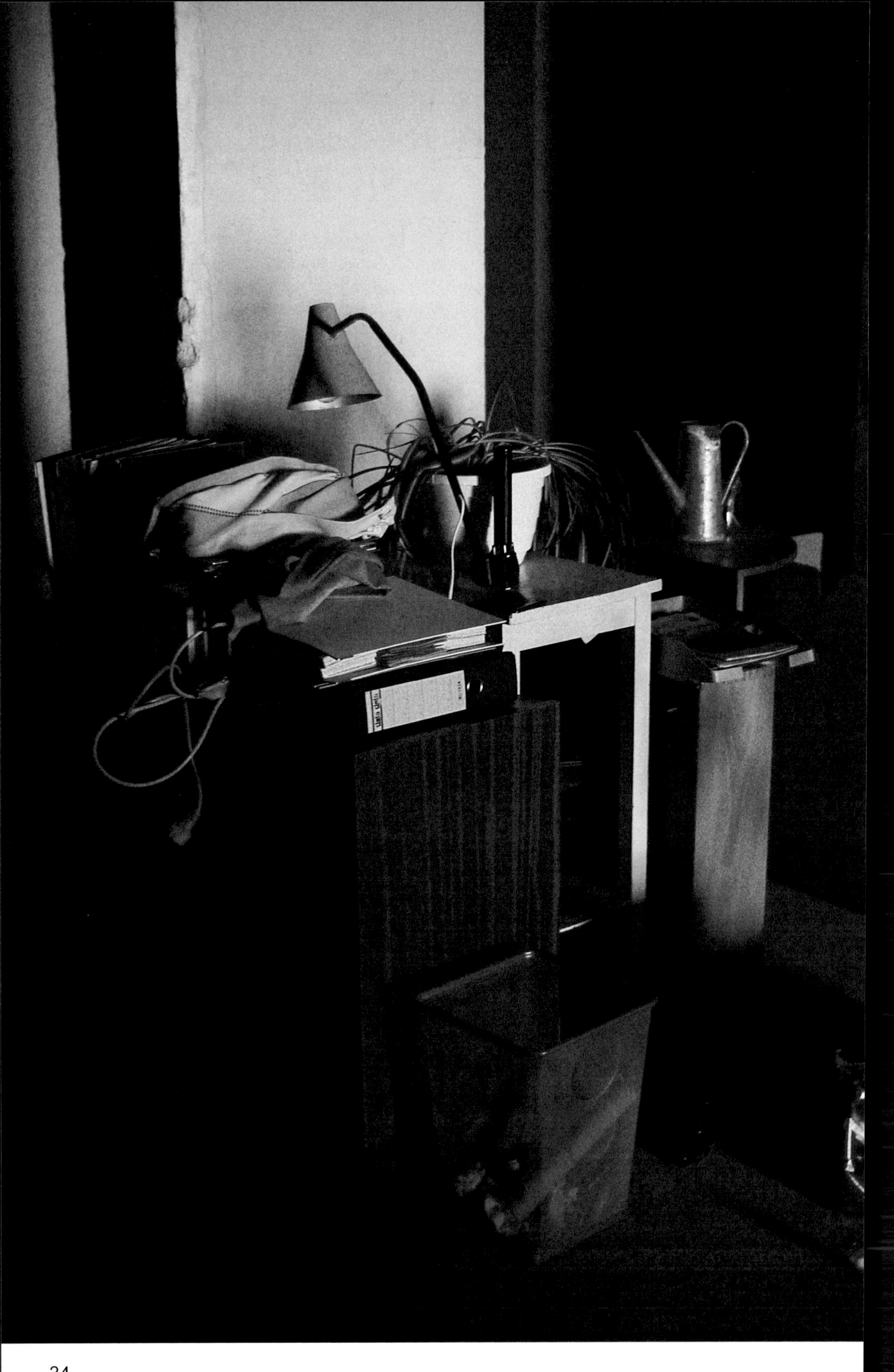

Stellen Sie sich vor, Sie könnten einen beliebigen Ort auf der Welt wählen, um dort eine Nacht lang als Nachtwächterin zu verbringen. Wo wäre dieser Ort? Und welche Erwartungen hätten Sie an ihn?   Ich weiß gar nicht … ich bin Elvis-Fan, daher würde ich wohl nach Graceland gehen [lacht]. Die würden mich da aber wahrscheinlich nicht wollen, weil ich wohl alles mitnehmen würde … Das wäre nicht so gut als Nachtwächterin.

…in Graceland? Ja. Ich würde die ganzen Souvenirs einpacken und mit nach Hause nehmen.

Waren Sie schon mal dort?
        Einmal … das war schön. Ich würde gerne wieder mal hin. Nein, ich hätte nichts dagegen, dort zu arbeiten, das wäre großartig!

Okay. Beschreiben Sie bitte den Raum, in dem Sie den Großteil Ihrer Arbeitszeit verbringen. Hat er irgendwelche Besonderheiten? Ist er …
        Ich kontrolliere alle Gebäude auf dem Campus, überprüfe, ob alles verschlossen und sicher ist, und am Morgen schließe ich die Gebäude für den Unterricht wieder auf … das ist nicht gerade viel [lacht].

Okay.   … Also, ich arbeite gar nicht drinnen. Ich gehe von Gebäude zu Gebäude. Ich würde mir wünschen, die ganze Nacht in einem Raum zu sitzen, aber das geht nicht.

Es gehört also zu Ihrem Job, die ganze Nacht von Gebäude zu Gebäude zu gehen?
        Also auf jeden Fall mein Funkgerät, damit ich die Zentrale kontaktieren kann, und die dann bei Bedarf ??? [2:19] kontaktieren kann. Mein Handy, falls ich es brauche. Meine Taschenlampe. Meine Schlüssel, um in die Gebäude zu kommen … und mein Auto.

Können Sie fünf Dinge aufzählen, die wichtig sind für Sie nachts? Egal was. Dinge, die Sie bei sich haben, Dinge auf dem Campus …
        Nein. Es ist ruhig hier.

Okay. Und ist es je etwas Außergewöhnliches passiert während einer Ihrer Nachtschichten?
        Nicht wirklich. ??? [2:52]. Wir sagen den Leuten, dass es Zeit ist zu gehen. Sonst passiert hier nichts [3:00]. Darum arbeite ich gerne nachts. Es ist ruhig, niemand nervt mich …

Es ist noch nie etwas Lustiges, Seltsames oder Ungewöhnliches passiert? Das heißt, Sie sehen so gut wie nie andere Menschen während der Arbeit?
        Nicht wirklich [lacht].

Sie sind bereits kurz darauf eingegangen: Was genau machen Sie während der Arbeit? Worin besteht Ihre Aufgabe. Welche Abläufe gibt es? Und tun Sie etwas, damit die Zeit schneller vergeht?   Also es braucht auf jeden Fall seine Zeit, um durch die Gebäude zu gehen. Nachschauen, ob alles verschlossen ist. Kontrollieren, dass die Rauchmelder funktionieren. Überprüfen, dass die Feuerlöscher nicht von irgendjemandem benutzt wurden. Lauter so Kleinigkeiten in den Gebäuden … nach Lecks schauen und dergleichen. Wenn man so allein über den Campus geht, dann dauert das ohne Pausen vier Stunden, bis man alles kontrolliert hat. Das ist schon die Hälfte der Zeit.

Denn Sie haben Acht-Stunden-Schichten?
        Ja, acht Stunden.

Wir leben, sicher!
Wir laufen die Strände ab und drohen dem Meer.
Wir lassen die stumpfen Schneiden unserer
Holzschwerter auf die Wasseroberfläche krachen.
Wir verhandeln keinen Frieden, mögen die Schwerter
auch morsch sein.
Wir leben.
Wir kennen den Feind und leben.

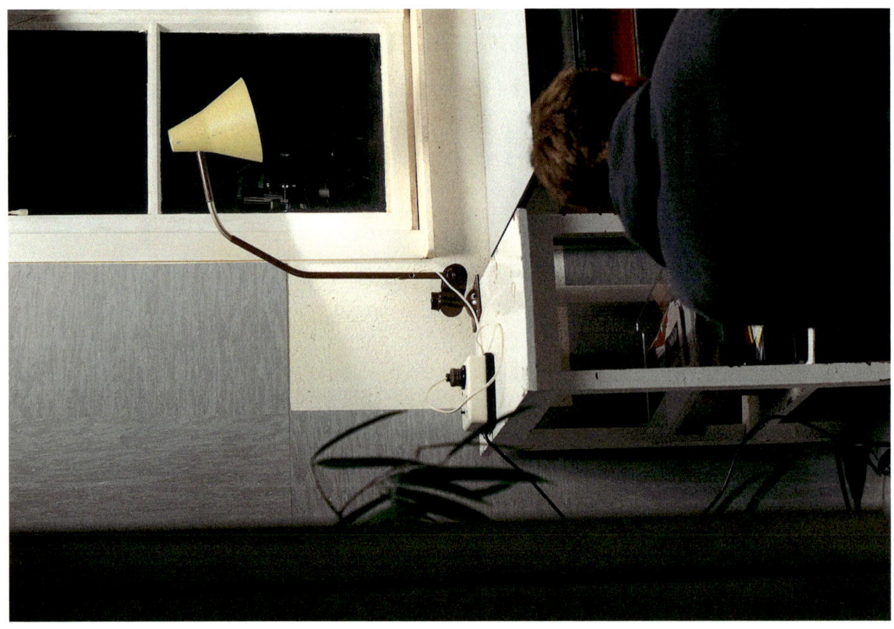

Uns reicht das Brot, das auf dem Süllberg zu wachsen scheint, wir schneiden mit Holzschwertern in den Fladen und nehmen große Bissen, von den Fladen, die Brot sind, wir bringen auch Oliven und Pastete, wir trinken Traubensaft nach den Kämpfen.

Wir liegen auf der Lauer und fliegen auf über die Spitze, um den Überblick zu behalten.
Wenn die Feuer erloschen sind, dann beginnen wir mit den Runden, die Schwerter im Gürtel und Ruß im Gesicht, das rußig ist. Wir schlagen uns Insekten im Nacken tot und schleifen die Fersen beim Gehen nach.

Wenn die Sonne untergeht, es spiegelt sich die Schaumkrone im schwarzen Wasser, das Wasser verschluckt das Licht (und eben auch die Spiegelung), wir verhandeln nicht! Wir nehmen keine Gefangenen! Wir trinken schluckweise, in einem Schluck ein Meer!

Heißt das, sie machen zwei solche Runden?

> Normalerweise nur eine. Denn während der Vorlesungszeit ist es nach dem Kontrollgang meistens schon wieder Zeit, die Gebäude aufzuschließen. Und wenn ich damit fertig bin, ist meine Schicht auch schon fast rum. Ich sehe dann, wie die Studenten von außerhalb langsam auf den Parkplätzen ankommen. Das ist schön.

Okay. Welche Rolle spielt Zeit für Sie während der Arbeit? Wenn ja, inwiefern? Gibt es zum Beispiel eine spezifische Aufgabe, bei der Sie die Zeit beachten müssen? Schauen Sie auf Ihre Uhr, in der Erwartung, bald nach Hause zu gehen?

> [lacht] Nein, ich versuche nicht auf die Uhr zu schauen. Früher schrieben wir auf, wann wir in welche Gebäude gingen, da war die Zeit wichtig. Aber abgesehen von solchen Dingen achte ich nicht so sehr auf die Zeit, weil sie sonst langsamer vergeht. Wenn ich nicht darauf achte, dann vergeht sie schneller. Also schaue ich kaum auf die Uhr.

Und ist es schon vorgekommen, dass Sie während der Arbeit Angst bekamen, weil zum Beispiel etwas Gruseliges passierte?

> Nein. Wirklich nicht! Auch wenn die Leute sagen, hier würden Geister rumspuken, das stört mich nicht.

Sie hatten also noch keinerlei Erfahrungen mit diesen Geistern?

> Nein. Das hier ist übrigens eines der Gebäude, von denen man sagt, es würde spuken. Aber ich fühle mich hier wohl. Keine Ahnung, warum die Leute Angst haben. Ich hab keine Angst.

Kennen Sie Kollegen, die Angst bekommen?

> Oh ja. Da gibt es einige Geschichte … Sachen, von denen sie glauben, dass sie sie gesehen oder gehört haben. Ich hab noch nichts gehört oder gesehen. Und ich bin seit fast zwölf Jahren hier. Vielleicht lügen die anderen mich auch an, ich weiß es nicht. Ich habe jedenfalls noch keine Geister gesehen. Ich fühle mich absolut sicher hier.

Mögen Sie die Nacht? Sie arbeiten ja nachts, was nicht sehr gewöhnlich ist. Die meisten Menschen arbeiten tagsüber. Und wenn Sie die Nacht mögen, warum?

> Es ist schön ruhig, keiner stört dich. Ich habe auch sechs Jahre lang Tagesschichten gemacht, und dann haben Sie mich zum Nachtdienst eingeteilt, weil sie eine zweite Person für diese Schicht brauchten. Es braucht ein bisschen Zeit, um den Schlafrhythmus und so umzustellen … Aber es ist echt schön ruhig, anders als tagsüber. Ich mag meine Nachtschichten wirklich. Falls ich wieder tagsüber arbeiten soll, dann werde ich sagen: Ich bleibe bei meinen Nachtschichten. Die mag ich. Die sind angenehm friedvoll.

Sie fühlen sich also wohl im Dunkeln?

> Klar doch, solange da nichts ist, was mir weh tun könnte [lacht]. Nein, da ist eigentlich nichts. Und außerdem ist es hier eh recht gut beleuchtet. Und notfalls habe ich ja auch noch meine Taschenlampe. Die Dunkelheit macht mir nichts aus.

Okay. Da dies eine Audioaufnahme ist, könnten Sie bitte Ihre Uniform beschreiben? Wie sieht sie aus?

> Also, die Hosen sehen aus wie Armeehosen, so wie ??? [08:21] sie tragen, und das Hemd ist ein normales Hemd mit Knöpfen. Meins ist weiß, weil ich Supervisorin bin. Die anderen sind grau. Das Abzeichen hier bedeutet, dass ich Leutnant bin. Dann noch die Bomberjacke und die ??? [bench?] [08:44] … Das ist so ziemlich alles.

Dieses Abzeichen bedeutet also, dass Sie so was wie Ränge haben? Eine Art Senioritäts-
prinzip?   Ja, wir haben gerade damit angefangen, vor ungefähr einem Monat. [???
                  09:02]. Und die Supervisor tragen jetzt das graue Shirt und das Leutnant-
                  Abzeichen.

Könnten die das Rangsystem ein bisschen beschreiben? Welche Ränge gibt es und was muss
man tun, um befördert zu werden?
                  Also ganz oben ist der ???[09:20]–Supervisor, unter ihm ist der Major, und
                  dann gibt es drei Leutnants, zu denen ich gehöre. Ich glaube sie haben mich
                  zum Leutnant befördert, weil ich schon so lange dabei, weil ich meine Arbeit
                  gut mache und weil sie mir vertrauen. Darum haben sie mich zu Superviso-
                  rin gemacht, worüber ich mich gefreut habe.

Die Beaufsichtigung anderer Personen ist also auch ein Teil ihres Jobs?
                  Ja, aber nur einmal pro Schicht.

Mit wie viele Leute arbeiten Sie während einer Schicht und wie sieht die Aufgabenverteilung
aus?   Heute arbeite ich mit einem anderen zusammen. Manchmal sind wir nachts
                  auch zu dritt hier. Ja, und die anderen kommen einfach zu mir, wenn sie ein
                  Problem haben … Meistens sind das Neue. Also führe ich sie herum und zei-
                  ge ihnen, was es auf dem Campus alles zu tun gibt. Und dann machen sie
                  meistens ihr eigenes Ding [10:18]. Und wenn sie ein Problem haben, dann
                  muss ich mich darum kümmern. Daher bin ich natürlich froh, dass wir allge-
                  mein nur selten Probleme haben.

Okay. Könnten Sie sich für die Audioaufnahme auch kurz selbst beschreiben? Wie Sie aus-
sehen und was Sie für eine Person sind.
                  Ich bin sehr schüchtern [lacht]! Falls Sie das noch nicht gemerkt haben. Ich
                  bin schon mein ganzes Leben in ??? [10:49]. Ich bin hier auch für eine Weile
                  zur Schule gegangen … und ich mag einfach, was ich mache. Security-Arbeit
                  ist toll! Ich würde sie mit nichts tauschen wollen.

Sie sind also in dieser Gegend groß geworden?
                  In der ???[11:05]-Gegend.

Sie haben demzufolge immer hier gewohnt, in ???
                  Ja.

Können Sie nochmals erzählen, wie lange Sie hier schon als Wachfrau arbeiten und was Sie
zu diesem eher ungewöhnlichen Job gebracht hat?
                  Also ich arbeite seit fast zwölf Jahren hier. Meine Stiefmutter, die auch auf
                  dem College-Gelände arbeitet, erzählte mir von dem Job-Angebot. Und
                  dann ging ich einer Schulung und bekam den Posten. Und seitdem bin ich
                  hier.

War das direkt nach der Schule?
                  Einige Zeit danach. Ich war wahrscheinlich seit fünf oder sechs Jahren nicht
                  mehr an der Schule, denn ich arbeite seit 2002 hier, und die Schule habe
                  ich … 89/90 beendet. Das war also eine gute Weile nach der Schule [lacht]
                  … Und dann kam das Jobangebot. Und weil ich schon immer so eine Arbeit
                  machen wollte, habe ich mich beworben … und sie müssen mich mögen,
                  sonst würden sie mich nicht behalten [lacht]. Sie sagen, dass ich gute Arbeit
                  mache.

Sie sagen, Sie wollten schon immer diese Art von Arbeit verrichten?
                  Ja, irgendwas im Security-Bereich.

Wir, das ist auch Achim, Schatzmeister mit Sitz unter
der Trauerweide. Achim zählt mit einem Stock im
Sand und teilt unsere Perlen in gleiche Haufen, die nie
ganz gleich sind, aber gerecht.
Für jedes Schwert gibt es einen Prozentualen, Kai trägt
einen hölzernen Zweihänder.

Wir, das ist auch Kai, der für ein schwarzes Band um
seinen Kopf einen Prozentualen bekommt. Wir folgen
dem schwarzen Tuch wie einer Fahne, die vor einer
Lanze zu fliehen versucht, flatterndes Tuch, Kai,
unsere Lanze. Auf seiner Brust tanzen die Orden aus
edlem Schlamm und Grasblumen.
Kai ist größer als wir, einen Prozentualen pro
Zentimeter.

Ein Wässerchen, das ein Fluss ist, teilt den Süllberg
in zwei Inseln auf hoher See.
Die Passage ist zollpflichtig und am Ufer stehen wir
wache, stehen wir Wache.
Und auf einer Leinwand, die auf einen Baum (der ein
Ast ist), an einen Ast (der ein Zweig ist) gespannt ist,
steht mit Blut, das rote Farbe ist, die Marmelade ist,
der Gebührenkatalog, für Alles im Einzelnen.
(Natürlich wissen wir nicht, welche Eventualitäten
Alles einschließt, aber die Schrift ist eine
Geheimschrift, die wir nicht lesen können und so
können wir im Einzelfall entscheiden.)

Die Statuten des Süllberg sind einfach, aber sie sind geheim.

Wie wurde Ihnen das bewusst? Kannten Sie damals bereits Security-Leute? Wie wussten Sie, dass Sie im Sicherheitsbereich werden wollen?

Schon als Kind wollte ich Polizistin werden. Dann arbeitete ich in einem Supermarkt, dort lernte ich dann einige Polizisten und Sicherheitsangestellte in Zivil kennen. Und dann dachte ich mir, das will auch machen…Und dann kam das Stellenangebot. Ich las es durch und bewarb mich … Mir gefällt, was ich tue. Es ist der beste Job, den ich je hatte.

Gibt es Dinge an Ihrem Job, die Ihnen nicht gefallen?

Nicht viele. Tagsüber ist es manchmal etwas hektisch hier. Das Sommersemester startet bald, das wird hektisch werden. Aber wenn sich das erst mal beruhigt hat, ist es wieder super. Dann läuft wieder alles normal.

Warum genau wird es hektisch zwischen den Semestern? Weil sich Dinge verändern?

Es kommen viel neue Studenten, die noch nie hier waren, die nicht wissen, wo sie hin müssen…solche Dinge. Manchmal benehmen sie sich auch komisch… Aus genau diesen Gründen arbeite ich lieber nachts. Da hat man solche Probleme nicht.

Sie sagen also, Sie mögen Nachtschichten, weil es da ruhig ist und auch, weil Sie sich als schüchtern beschreiben. Würden Sie sagen, Sie versuchen generell, Kontakt mit Menschen zu vermeiden?   Nein, keinesfalls. Ich komme sehr gut mit anderen Menschen klar. Ich bin einfach nur schüchtern. Aber ich komme mit allen hier klar. Zu den Fakultätsangestellten und auch zu den meisten Studenten, mit denen ich zu tun habe, habe ich ein gutes Verhältnis.

Okay. Sie sagten, Sie hatten schon früh eine Reihe sich ähnelnder Jobs im Kopf, die für Sie in Frage kamen. Gab es eine bestimmte Ausbildung, die Sie auf ihren Job vorbereitet hat?

Nein, ich hatte nur eine Grundausbildung drüben im Büro. Und dann ab und zu eine Weiterbildung. Morgen zum Beispiel machen wir Wiederbelebungsübungen. Mit so einem Zertifikat können wir dann wirklich helfen, wenn hier man etwas passieren sollte. Deswegen ist es auch wichtig, dass wir das ab und zu üben [15:05]. Das ist definitiv hilfreich. Nicht nur für uns, sondern auch für das College, denn wenn irgendwas passiert, dann können wir mit helfen.

Waren Sie selbst je Zeugin eines medizinischen Notfalls hier während einer Ihrer Nachtschichten?   Nein. Aber als ich Tagesschichten gemacht habe, gab es hin und wieder Krampfanfälle und so … bei Studenten mit Behinderung. Aber tagsüber sind ja auch Sanitäter vor Ort, und die sind dann auch relativ schnell zur Stelle, um zu helfen. Und der Notarzt ist auch gleich über die Straße. Die kommen auch dann auch her … Nicht oft, und meistens wegen Krampfanfällen. Das ist eigentlich alles.

Und wie würden Sie Ihre Kommunikation mit anderen Menschen beschreiben?

Es gibt sicher einige Leute, die Sie ziemlich oft sehen … immer wenn sie ihre Kontrollrundgänge machen.

Gibt es Menschen hier am College, die Sie gut kennen oder mit denen Sie oft sprechen?

??? [16:23] … kommen um Mitternacht. Aber das war's auch schon. Und nach einer Stunde sind sie auch wieder weg. Also treffe ich wahrscheinlich niemanden hier ... Aber wenn ich mit jemandem in Kontakt komme, dann rede ich auch mit ihm. Ich komme mit allen gut klar. Normalerweise habe ich keine Probleme mit Leuten.

Und worüber denken Sie während Ihrer Arbeit so nach? Sie sagten, sie hätten etwa vierstündige Routinen. Denken Sie dann über alles Mögliche nach? Oder konzentrieren Sie sich einfach auf Ihre Arbeit? Was geht dabei so in Ihrem Kopf vor?

Eigentlich nichts [lacht]. Ich konzentriere mich einfach auf meine Arbeit und erledige meinen Job ... Und am Morgen mach ich mich dann fertig, um nach Hause zu gehen ... Und ich kümmere mich halt um alles, was so anfällt.

Haben Ihre Kollegen, mit denen Sie bei der Nachtschicht zusammen arbeiten? Hat jeder eine andere Zone, um die er sich kümmert? Oder arbeiten Sie auch direkt mit den anderen Nachtwächtern zusammen?

Nein, wir teilen uns auf und gehen dann getrennt durch die Gebäude. Es kommt nicht oft vor, dass wir zusammen gehen. Es sei den, die Person muss noch eingearbeitet werden. Dann gehen wir gemeinsam durch die Gebäude. Normalerweise sind wir aber alleine.

Sie sprachen vorhin bereits die Geister an, die angeblich auf diesem Campus herumspuken. Und es gibt ja viele verschiedene Security-Jobs, die Sie statt diesem hier ausüben könnten. Gibt es etwas Bestimmtes an der Arbeit an diesem College, dass sie mögen? Ist es nur ein Job für Sie oder habe sie irgendeine besonderes Interesse für oder eine Verbundenheit zu diesem Ort?

Nein, es ist einfach nur ein toller Campus. Es passieren so verrückt Dinge in der Welt heute, und die können auch an Unis passieren. Wir hatten solche Probleme zum Glück noch nicht – dreimal auf Holz geklopft! Und so soll es auch bleiben. Es ist einfach ein toller Campus und es ist großartig, hier zu sein. Wer würde denn nicht gerne jeden Tag an solch einem Ort arbeiten wollen? Es ist großartig. Ich fühle mich sicher und wohl hier. Es ist einfach toll. Ich bin sehr gerne hier.

Sie sprachen gerade von „verrückten Dingen", die in der Welt passieren. Was genau meinen Sie damit. Die Wirtschaft? Kriminalität allgemein?

Na die Verbrechen an Schulen und so. Schießereien und das ganze Zeug. Bei uns gibt's so was nicht ... also, wir hatten bislang noch nichts Derartiges ... Ich will damit sagen, es ist einfach ein sehr sicherer Ort.

Meinen Sie mit „Schießereien" auch „in dieser Gegend hier"? An Highschools? Oder in den Vereinigten Staaten im Allgemeinen?

In den Vereinigten Staaten. Ich glaube, die Highschools hier habe nur mit Bombendrohungen zu tun, die Schüler sich einfallen lassen ... um Unterichtsfrei zu haben oder so. Aber wir hatten solche Probleme bislang noch nicht ... Und deswegen kommen auch viele Leute her, weil sie den Ort für sicher halten ... ohne andere Alternativen ... vor dem Junior-College ... es ist wirklich ein toller Campus. Die haben sich wirklich selbst übertroffen mit diesem Ort.

Und Sie meinten vorhin, dass Sie hier schon seit etwa ...

... Seit fast zwölf Jahren.

Können Sie etwas über die Veränderungen hier in den letzten zwölf Jahren erzählen? Denn hier hat sich ja einiges verändert. Vielleicht anhand der Entwicklung der Gebäude – einige sind ja komplett neu ... Ich nehme an, Sie haben viele Veränderungen hier mitbekommen. Könnten Sie einige davon beschreiben?

Also, seit ich hier bin haben sie ... das Zahnmedizingebäude wurde gebaut

und eröffnet, als ich anfing. Danach folgte das Gebäude für die Pflege-
wissenschaften, das wirklich sehr beliebt ist. Die Fußballfelder wurden er-
neuert, es gibt nämlich eine super Fußballmannschaft. Und sie haben damit angefangen, viele Gebäude zu renovieren. Die Aula ist halb fertig. Und
der Schwimmbadbereich. Und ich glaube, sie werden bald noch ein paar
andere Gebäude in Angriff nehmen. ??? [20:41]. Es hat sich vieles verändert
hier. Die Palmen/Nadelbäume sind schön, und die Springbrunnen. Hinten
haben sie einen Teich hinzugefügt, was auch schön ist... So kommt eine Sache nach der andern dazu... Sie werden wohl neues Land [20:58] kaufen
müssen, um neue Gebäude hinzufügen zu können [lacht]. Es wird auch darüber geredet, Studentenwohnheime zu bauen. Die sind bislang außerhalb.
So verbessern sie nach und nach eins nach dem anderen.

Beeinflusst das Ihren Job? Beziehungsweise: Inwiefern beeinflusst das Ihren Job? Diese
ganzen Verbesserungen. Sie sagen, es sei ein angenehmer Ort. Trägt das mit dazu bei, dass
Sie hier bleiben? Oder würden Sie das so oder so tun? Wie bewerten Sie diese Entwicklung
des Campus'?   Mir geht's gut hier. Wenn sich der Campus vergrößert, dann gibt es auch
mehr Menschen, die hier her kommen und zumindest tagsüber hier rum-
rennen und um die man sich kümmern muss. Aber es ist ein toller Ort; wenn
es nach mir geht, dann bleibe ich für immer hier.

Wenn sie sagen „mehr Leute kommen her", dann meinen Sie damit, dass auch mehr Wach-
personal angestellt wird, oder? Sie sagten ja, wenn sich der Campus vergrößert, dann gibt
es auch mehr Gebäude, um die man sich kümmern muss. Also gab es früher weniger Wach-
personal als heute? Wenn ja, wie viele Leute waren es früher und wie viele sind es heute?
Also früher hatten wir nicht annähernd so viele wie heute. Aber mit den ganzen Veränderungen in der Welt haben sie entschieden, hier mehr Wachleu-
te einzustellen. Früher waren es nur so vier Leute tagsüber und heute sind
es um die sieben oder acht. Damit mehr Leute in den Gebäuden und auf
den Parkplätzen sind... und umher gehen... für die Sicherheit.

Und ist Sicherheit Ihrer Meinung nach ein großes Thema hier? Widmet die Uni- beziehungsweise die College-Verwaltung dem Thema viel Aufmerksamkeit, bei all den Veränderungen?
Ist das ein wichtiges Thema?
Oh ja, für die Uni ist das ein wichtiges Thema. Unser Team wächst ja jedes
Jahr. Dieses Jahr sind wir um einiges gewachsen. Wir passen die Anzahl
von Wachleuten an die Menschenmenge hier an... und auf dem Campus
weiß man das zu schätzen. Die Studenten schätzen unsere Anwesenheit,
denn sie fühlen sich dadurch sicher, vor allem nachts, wenn sie allein zum
Auto laufen. Sie fühlen sich sicher, wenn sie jemanden sehen, der dasitzt
und aufpasst.

Das ist also eine Art passiver Teil Ihres Jobs, einfach da zu sein und gesehen zu werden?
Oh ja, Sichtbarkeit ist die Hauptsache.

Das ist also eine Sache, über die Sie auch mit den anderen reden? Sie nannten es gerade
„Sichtbarkeit", draußen zu sein, sichtbar zu sein...
Ja.

Ich fragte zwar bereits danach, aber gab es wirklich noch nie irgendwelche Zwischenfälle
oder Notfallsituationen während Ihrer Arbeit?
Nein, tatsächlich nicht. Es ist einfach keiner da, der hier für Probleme sorgen könnte. Tagsüber passiert vielleicht mal was, da sind mehr Leute da.
Aber während der Nachtschicht gibt es keine Probleme.

Sie haben noch nie einen Einbruch oder Ähnliches beobachtet?

Nein, das ist noch nie passiert.

Und der Campus hat kein verschließbares Tor? Es gab doch mal eins…

Ja, es gab mal eins. Ein Eisentor am Südeingang des Campus', das nachts zugemacht wurde. Aber sie haben es entfernt.

Also ist es theoretisch immer offen. Leute könnten auch nachts herkommen, aber sie würden gesehen werden…

??? [24:40]. Am anderen Eingang zum Campus müssen wir nur beobachten, wer alles reinkommt.

Gibt es noch andere Leute, die am College arbeiten und bis spät bleiben? Es gibt ja auch Abendkurse. Aber danach gehen wohl die meisten nach Hause, oder? Gibt es Studenten oder Lehrer, die bis spät hier bleiben?

Ab und zu bleibt ein Lehrer mal länger, um Papierkram zu erledigen oder so. Oder Studenten, die an einem Förderprogramm teilnehmen. Oder sie kommen früh am Morgen, um ihre ??? [25:25] zu machen. Aber normalerweise sind nachts keine Menschen hier. Nicht bis zum frühen Morgen.

Okay… Gibt es sonst noch irgendetwas, dass Sie mir über Ihren Beruf erzählen könnten? Über ihre Nachtschichten? Sie arbeiten von Mitternacht bis acht Uhr morgens?

Ja, jetzt schon.

Das war also mal anders?

Ja, es ist auch ab und zu anders. Das kommt immer auf den Vorgesetzen an. Manchmal ist es von 23 Uhr bis um sieben. Manchmal von Mitternacht bis um acht. Manchmal fangen wir zur halben Stunde an. Einmal 23 Uhr, beim nächsten mal 23:30 Uhr. Es kommt also auf den Schichtverantwortlichen an, oder auf den Hauptverantwortlichen, darauf, was die wollen. ??? [26:16]. So läuft das.

Der Schichtverantwortliche, ist das ihr Chef? Ihr direkter Vorgesetzter? Ist das die Person, die in dem Gebäude da drüben sitzt?

Ja, er hat sein Büro dort. Er ist der Hauptverantwortliche. Ich bin Schichtverantwortliche. Er ist verantwortlich für uns alle. Und dann gibt es noch eine Person vom College, die auch über uns steht. Also haben wir zwei Chefs. Unserer und der vom College.

Auf Ihren Arbeitsjacken steht „Securitas". Ist das eine externe Firma? Oder eine Marke? Könnten Sie das beschreiben? Arbeiten Sie direkt für das College? Oder für diese Firma, die ihrerseits einen Vertrag mit dem College hat?

Wir arbeiten für Securitas. Und die schließen Verträge mit Dritten. Momentan hat das College also einen Vertrag mit Securitas. Und wenn es zu einem anderen Unternehmen wechselt, kriegen wir normalerweise ein Angebot, auch über das neue Unternehmen einen Posten hier zu bekommen… wenn wir bleiben wollen. Das habe ich schon ein paarmal gemacht, weil ich gern hier bin. Also wechsle ich einfach zum nächsten Unternehmen und mache einen Vertrag mit denen.

Ihr direkter Arbeitgeber wechselt also…

Das kommt vor. Sonst müsste ich halt, wenn das College den Vertrag an jemanden anderes vergibt und ich bei meinem Arbeitgeber bleiben will, den Arbeitsort wechseln. Aber ich mag das Umfeld hier. Also habe ich lieber schon ein paarmal den Arbeitgeber gewechselt.

Unsere Statuten sind die des Süllberg, das Brechen der Statuten steht unter Strafe. Es ist immer richtig. Oder es ist immer falsch. Arno urteilt, was das Zeug hält.

Und gibt es große Unterschiede zwischen diesen einzelnen Unternehmen? Warum wechseln die von Zeit zu Zeit?

??? [28:20] … ein anderer Vertrag. Dann entscheiden sie sich dafür.

Und gibt es andere Leute hier, die schon so lange da sind wie Sie? Oder gibt es eine hohe Fluktuation bei dieser Art von Jobs?

??? [28:49] … Aber es gab auch ein paar Leute, die noch länger hier waren als ich. Aber die sind vor Kurzem … gegangen. Ich glaube also, dass ich mittlerweile am längsten hier bin. Die anderen sind vergleichsweise erst seit Kurzem [28:55] hier [lacht]. Die sind noch überhaupt nicht lange da.

Und wenn hier Neue anfangen, ist es dann Ihre Aufgabe, sie einzuarbeiten?

Nur wenn sie in meiner Schicht arbeiten. Die meisten arbeiten ja tagsüber. Dann werden sie vom Schichtverantwortlichen oder so rumgeführt. Einer der anderen, die tagsüber arbeiten, ist auch schon eine ganze Weile dabei, der macht das. Der zeigt ihnen ??? [29:24].

Und da Sie am längsten von allen hier arbeiten: Was sind die Gründe, warum die anderen wieder aufhören? Haben sie Mühe, sich an die Arbeitszeiten zu gewöhnen oder mögen sie es einfach nicht?

Doch doch, denen gefällt es schon … ich weiß auch nicht genau. Einige sind schon etwas älter, die gehen also einfach nur in Rente. ??? [29:51].

Sie sagten, Sie sind seit zwölf Jahren dabei. Wie lange, glauben Sie, werden Sie diesen Job noch ausüben?

Bis zur Rente … Wenn ich kann … Das wäre schön.

Sind Sie mit ihrem Job hier zufrieden? Ist es ein sicherer Job? Oder gibt es auch Risiken? Sie sprachen ja von den wechselnden Unternehmen, mit denen das College Verträge abschließt … Oder haben Sie einen unbefristeten Vertrag hier? Machen Sie sich Sorgen um solche Sachen oder ist ihr Job relativ sicher?

Der Vertrag wird etwa alle drei Jahre neu verhandelt. Und wenn das College beschließt, dass sie ein neues Unternehmen wollen, dann können sie in der Regel sagen, dass sie bestimmte Leute behalten wollen. Und die wechseln dann einfach zum nächsten Unternehmen … Und das ver-

Richard ist ostdeutsch genau in seiner Tätigkeit als Übersetzer.

Olivia ist US-amerikanisch locker in ihrer Tätigkeit als Mensch.

Richard wird sich fragen, was das in diesem Buch zu suchen hat.

Olivia wird darüber lachen, so wie sie bei der Aufnahme des Interviews gelacht hat.

Richard war mit den Fragezeichen im Text so zielsicher wie John Wayne in einem Western-Klassiker.

Olivia war damals noch mit Moira zusammen.

Wir, das ist eben auch Arno, der keinen Prozentualen
erhält. Aber Arno hat den höchsten Punkt des
Süllberg inne.

Arno sitzt ganz oben und entscheidet über das
Strafmaß.
Winston vollstreckt, mit aller Liebe, das Strafmaß
an Seewesen und Halbseewesen sowie Landfrösche,
die wegen zu glänzender Haut zu den Halbseewesen
gezählt werden.
Tibu vollstreckt das Strafmaß an Landwesen.
Luftwesen vergehen sich naturgemäß nicht an den
Statuten des Süllberg.
Wir vergehen uns auch nicht an den Statuten.
(Außer einmal).

Das Strafmaß für den, dessen Namen wir nicht
mehr nennen, dessen Schritte auf dem Süllberg keine
Spuren mehr hinterlassen, dem die Füße fehlen,
die Beine, der Rumpf und vor allem der Kopf, das
Strafmaß für den war das Vergessen.
(Und das Aufteilen seiner Prozentualen.) Wir sehen
ihn nicht, wir hören ihn nicht, wir ertasten ihn
nur mit geballten Fäusten oder durch den Druck
auf unseren Holzschwertern. Sein Strafmaß ist
das unsichtbare Zeichen des Verräters auf der Stirn,
der Süllberg verzeiht nicht! Einer von uns hat sich
nie an den Statuten vergangen, aber wenn es je einen
gegeben hätte, dann wäre es Elli gewesen, dessen
Namen wir vergessen hätten und der ohnehin keiner
von uns gewesen wäre.

suche ich zu machen. In der Hinsicht glaube ich also, dass es sicher ist. Wenn die Leute dich mögen, dann wollen Sie auch, dass du bleibst… Also wechsle ich einfach von einem Unternehmen nächsten, wenn es sein muss.

Was für ein Verhältnis haben Sie zu Ihren Chefs? Ein gutes? Sie sehen sie wahrscheinlich nicht sehr oft, weil Sie nachts arbeiten. Gibt es auch Konflikte, oder kommen alle in Ihrem Team gut miteinander klar?

> Die meisten kommen schon gut miteinander klar. Aber da viele Leute neu hier sind, ist es manchmal ??? [31:40]. Aber was die Verantwortlichen angeht, mit denen komme ich gut zurecht. Wir scherzen rum. Wir sehen uns am Morgen, wenn ich nach Hause gehe, und machen unsere Witzchen. Wir verstehen uns super.

Sie haben es vorhin schon mal angesprochen: Wie läuft die Kommunikation mit den Funkgeräten ab? Müssen sie sich zu bestimmten Zeiten melden? Können Sie beschreiben, wie die Kommunikation mit den anderen während Ihrer Schicht funktioniert?

> Wir bleiben mit der Person in der Zentrale in Verbindung. Die versichert sich, ob wir alle wohlauf sind. Normalerweise sagen wir ihr bescheid, wenn wir in ein bestimmtes Gebäude gehen und bei welchem Gebäude wir uns befinden, damit sie weiß, wo wir sind, falls irgendwas passieren sollte. ??? [32:23]… Wir funken hin und her und wissen so, dass es allen gut geht.

Das ist also einfach eine gemeinsame Weise miteinander zu kommunizieren, weil Sie sich nicht direkt sehen. Sie melden sich von Zeit zu Zeit…

> ??? [32:43]… Dann verlassen wir das Gebäude, sagen bescheid, dass wir das Gebäude verlassen, und gehen zum nächsten Gebäude weiter… und melden uns wieder, wenn wir dort sind.

Wenn also alles normal verläuft, dann müssen Sie nichts Besonderes melden oder tun. Und was müssen Sie machen, wenn etwas Ungewöhnliches passiert? Schreiben Sie das dann einfach auf einen Zettel? Oder müssen Sie jemanden benachrichtigen? Gibt es dann eine standardisierte Handlung, die Sie dann ausführen?

> Das kommt ganz drauf dann. Ob es etwas ist, für das ??? [33:23] rauskommen muss. Oder ob es bis zum Morgen warten kann. Dann melden wir einfach der Zentrale das Problem und ??? [33:30] ist nicht nötig. Und die kommen dann und kümmern sich drum.

Sie sagten vorhin, dass das nächtliche Arbeiten für Sie keinerlei Probleme darstellt. Sie mögenes sogar, weil es schön ruhig ist. Hatten Sie sich darüber schon vor Ihrer ersten Nachtschicht Gedanken gemacht? Sie sagten ja, dass Sie gewechselt haben. Irgendwelche besonderen Gründe? Denn es ist ja eher ungewöhnlich und das Gegenteil von den meisten Leuten, die tagsüber arbeiten? Hatten Sie ein besonderes Interesse daran, nachts zu arbeiten? Oder ist es einfach dazu gekommen?

> Als ich hier anfing, arbeitete ich nur am Wochenende. Zunächst auch Nachtschichten. Nach ein zwei Monaten fragten sie mich dann, ob ich tagsüber und mehr Stunden arbeiten will. Also wechselte ich in die Tagesschicht. Nach und nach erhielt ich eine Vollzeitanstellung. Und dann, nach sechs Jahren, wechselte die Firma. Und sie entschieden, dass zwei Personen nachts arbeiten sollten. Vorher war es nur eine gewesen. Und ich wurde für die Nachtschicht eingeteilt. Zuerst fand ich das blöd, wegen dem Schlafen und so. Aber heute gefällt es mir. Als sie mich gefragt, ob ich wieder wechseln möchte, habe ich gesagt: Ich bleibe bei meinen Nachtschichten.

Also wurde Sie bereits gefragt, ob Sie wieder wechseln wollen?

> Ja, dreimal. Und ich habe ihnen gesagt: Nein, ich mag die Nachtschichten. Ich will da bleiben.

Und wir sind die Adjutanten des Süllberg, seine Diener in Geist und Form, wir herrschen nicht über die Natur, der Süllberg gestattet uns seine Nähe, wir sind Hüter und Pfleger, Kinder und Greise, Reiter und Fliegen.

Gibt es hier so etwas wie eine Hierarchie? Haben Angestellte, je nachdem, ob sie nachts oder tagsüber arbeiten, einen höheren Status in Ihrem Team? Oder warum wurden Sie gefragt, ob Sie wechseln wollen? Ist es schwieriger Leute für den Tag bzw. für die Nacht zu finden?
> Einige Leute hätten einfach gerne andere Schichten. Einige Leute, die tagsüber arbeiten, wollen vielleicht lieber abends arbeiten. Aber es gibt nicht sehr viele, die nachts arbeiten wollen. Es hängt einfach davon ab, was sie wollen. Wenn sie mehr Leute für die Tagesschicht brauchen, dann verschieben sie unter Umständen ein paar Leute in diese Schicht.

Also gibt es insgesamt drei Schichten? Und arbeiten Sie im Laufe der Zeit in jeder Schicht irgendwann mal oder vor allem nachts?
> Nur nachts. Es sei denn, es gibt irgendeinen besonderen Anlass, für den ich tagsüber gebraucht werde. Zum Beispiel wenn das Sommersemester losgeht, werde ich wahrscheinlich auch tagsüber ein bisschen hier sein. Um auf dem Parkplatz zu helfen und um den Studenten den Weg zu den richtigen Gebäuden zu zeigen. Aber normalerweise arbeite ich immer nachts.

Was Ihren Rhythmus zwischen Arbeit und Freizeit angeht… Haben Sie immer so etwas wie ein normales Wochenende, nachdem sie gearbeitet haben? Wie sieht das aus?
> Nein, meine Tage sind [nicht?] immer gleich [36:35]. Da verändert sich also nichts. Ich kann also immer irgendwas planen, schlafen wann ich will… Da gibt es in eigentlich keine Routine. Ich mache einfach, wonach mir ist, schlafe, wann immer ich kann.

Jetzt ist Ihre Nachtschicht so gut wie vorbei. Wie strukturieren Sie jetzt Ihren weiteren Tag, wenn Sie morgen heute Abend und morgen auch wieder arbeiten müssen? Gehen Sie nach Hause und schlafen? Wie sieht Ihr Tag nach der Arbeit aus?
> Normalerweise gehe ich nach Hause, frühstücke, schaue fern oder so, erledige, was gerade erledigt werden muss. Meistens gehe ich nicht vor Nachmittag ins Bett. Und dann stehe ich wieder auf, wenn ich auf Arbeit muss, mache mich fertig und bin rechtzeitig um Mitternacht hier.

Und kommen Sie mit Ihrem eigenen Auto zur Arbeit oder mit dem Campus-Security-Fahrzeug? Wie wird das gehandhabt?
> Ich komme mit meinem eigenen Auto her und fahre hier auf dem Campus mit dem Security-Auto.

Okay. Ich glaube, ich habe keine weiteren Fragen mehr. Gibt es Ihrerseits noch irgendetwas, dass Sie sagen möchten?
> Nein, ich glaube, wir haben über alles gesprochen.

Vielen Dank. Nichts zu danken.

Es hat mich gefreut Sie kennenzulernen.
> Mich auch.

Könnten wir uns an Elli erinnern, so röche er, der
eine sie (Sie) ist, nach Erde und ihre Hose nach
Moos. Würde sie einen Platz bei uns haben, dann
bekäme sie sieben Prozentuale, sie wüsche ihre
Haare nicht und sie schnitzte mit einem Holzdolch
aus schwerer Kastanie einen Holzdolch aus weicher
Birke. (Sie kaute auf einem Stängel Zitronengras,
so dass es nicht auszuhalten wäre, weil man es
schmeckte, beim Zusehen.)

Sie würde sich an uns vergehen.

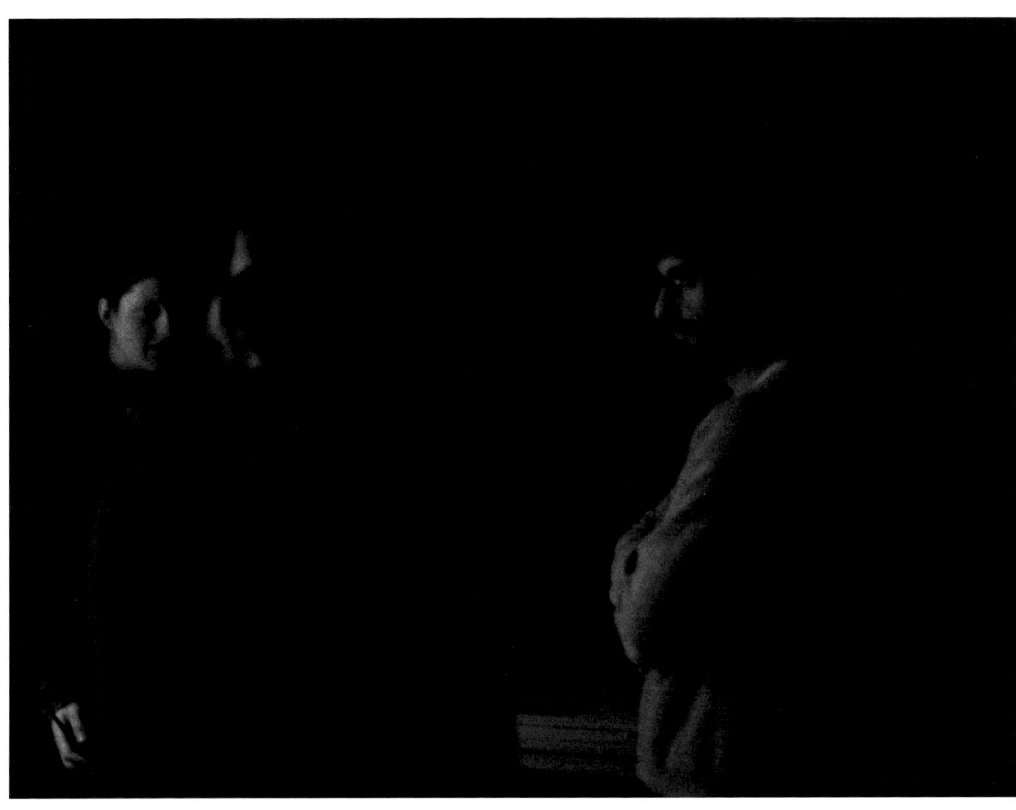

5 Jahre, genauso ist es.

Und sind dir in diesen 5 Jahren sehr verrückte Sachen passiert?
Tja, ja ziemlich verrückte und vor allem mit der Unsicherheit, sind die Sachen noch verrückter, auch die Leute sind sehr unangenehm vor allem Leute die zeigen, dass die Sachen anders laufen können, aber gut. Man muss sich an alles anpassen, nicht wahr? Ein Nachtwächter zu sein ist ein schöner Beruf, weil du am Ende nachts arbeitest, in der Nacht hast du viel Ruhe und die Straße ist nachts sehr schön. Es hat auch unangenehme Seiten, aber was soll's. Naja und was sind diese Unannehmlichkeiten? Dass du nicht schläfst! Manchmal wird man schläfrig, nicht?!

Anstrengend?   Ja genau, so ist es! Man muss sich paar Mal zwicken, nicht … und noch öfter um 3 Uhr morgens … aber gut.

Und ist dir etwas Lustiges passiert?
Lustiges? Was mir passiert ist? Naja, eigentlich was das lustigste was mir passiert ist, dass ich eingeschlafen bin. Genau hier, hat mich mein Chef erwischt und sagte: Ahhhh, ich sehe, du bist der Nachtschläfer!! Und ich sagte mir, Ciao, so ein misst dieser Mann wird mir den Tag nicht bezahlen, aber er war super cool und hat bezahlt. Kein Problem, aber er meinte was ist denn das, dass sie nachts schlafen?!!

Stell dir vor du könntest auf der ganzen Welt einen Platz aussuchen, wo du eine Nacht als Nachtwächter verbringen könntest. Wo würdest du gerne sein und bitte beschreibe deine Erwartungen von diesem Ort.
Lass mir dir was sagen, jeder wird mit bestimmten Fähigkeiten geboren. Jeder Mensch wird mit bestimmten Fähigkeiten geboren. Vielleicht wurde ich damit geboren um Nachtwächter zu sein, andere vielleicht um Gärtner oder andere Wärter zu werden, aber nicht einer von der mexikanischen Fußballnationalmannschaft. Das ist nicht für jeden, ne ne … aber ich habe entschlossen Nachtwächter zu werden, weil … wie dieses Lied auch sagt, in der Nacht kannst du die Sterne anschauen, du kannst den Mond bewundern und das Firmament sehen. Sachen die du nicht am Tag sehen kannst. Am Tag siehst du überall nur die Sonne und noch mehr an einem so heißen Ort wie diesen. Wo man nur noch schwitzt … man hat nachts viel Stille.

Viel Stille und ein angenehmes Ambiente
Totale Stille, ja! Totale Transzendenz der Seele und des Geistes, das ist was dir die Nacht gibt. Daher ist die Nacht etwas sehr Schönes und hat etwas beruhigendes, ein wunderschönes Dasein.Ich würde dir sagen, dass in letzter Zeit die Klimaveränderungen viele Kometen sichtbar werden und es sind ziemlich viele. Manchmal verwechsele ich die Kometen mit Flugzeugen. Man sieht ein Flugzeug und denkt man sieht ein Komet, du hast es sicherlich schon bemerkt, nicht wahr?

Ja   Wo ich noch ein Kind war und ein Flugzeug gesehen habe, habe ich gedacht was alle Kinder denken … und was denken alle Kinder wenn sie ein Flugzeug sehen? [Wooww … wegen Autos unklar]

Sie sänge am Ufer den Wasserwesen zu und schliefe vor den Zelten, sie schwämme im warmen Wasser der Quelle, die dünnen Kleider hinge sie in eine Kiefer. Über den Quellen steigt Schwefel auf, das tut er, der Schwefel, immer. Unter der Wasseroberfläche, die undurchsichtig und ruhig ist, hielte sie meine Hand. Unter der Wasseroberfläche hielte sie die Hand von Achim. Unter der Wasseroberfläche hielte sie nicht die Hand von Kai oder Tibu.
Über der Wasseroberfläche hielte sie keine Hände.

Wow, es ist etwas sehr, sehr großes und es hat keine Grenzen!

Ohne Grenzen, so ist es und das ist das schöne Nachts zu arbeiten. Am Tag siehst du alles sehr traurig, nicht? Aber nachts siehst du das, was deine Seele sehen möchte. In der Nacht, wirklich! Am Tag ist es so unvorhergesehen, so unruhig, man geht von einem Platz zum anderen und man genießt nicht das Leben … aber die Nacht kann man genießen.

Nachts fangen die Leute Sachen zu hinterfragen und wertzuschätzen …

Genau, sie fangen an die Sachen zu schätzten was wirklich wichtig ist und das Leben zu schätzen und noch mehr wenn du dich in der Natur befindest, wow! Das ist das Größte, die Leuchtkäfer zu sehen wie sie vor sich hin schimmern. Die Leuchtkäfer sind etwas wunderschönes, sie beleuchten dein Leben in der Nacht. Unglaublich, es ist etwas sehr Schönes. Wunderschön und wirklich fast unbeschreibliches … weil sie nachts glühen und nicht am Tag. Sie sind die Nachtwächter des Lebensraums. Sie sind die ganze Nacht da, kundschaften uns aus, schauen was wir machen, passen auf uns auf. Daher fühle ich, dass sie wie Astronauten sind. Sie sind für mich die Nachtwächter des Lebensraums. [Gelächter]

Es ist müßig, darüber zu grübeln, was er gesagt hat. Es ist hingegen klar, was man hören kann. Das Rauschen des Verkehrs. Das Bild entsteht, indem Javier sich mit der Kamera von den beiden wegbewegt. Das Gespräch verlässt, um ein Bild entstehen zu lassen. Es ist leicht verwackelt und doch stabil. Javier, du Guter. Er will die Situation veranschaulichen und sie mir mit ihrem ganzen Körper zeigen.

Es ist wirklich etwas sehr, sehr schönes …
Ja das ist es wirklich.

Man fühlt sich hier sehr wohl und vor allem hier wo man den Ausblick auf die Stadt genießen kann. Viele Leute würden viel geben umso welche Momente zu haben.
Vor allem wenn wir das zu wertschätzen wissen. Das macht es aus ein intelligenter Nachtwächter zu sein, nicht wahr? Einmal habe ich bemerkt wie die Luft da unten verschmutzt ist. Wie die Leute dort leben …

Ja, die Luft hier ist sehr frisch …
Daher bin ich fasziniert Nachtwächter zu sein.

Ja, hier ist man wirklich verliebt, in die Aussicht und allem.
In alles verliebt, der Begriff Nachtwächter kommt im spanischen aus Flamme/Kerze. Die Kerze zündet man nachts an und erlischt sie am Tag. Die große Entdeckung, nicht wahr?! [Gelächter]

Nie habe ich darüber nachgedacht …
Nie haben wir eine Kerze gesehen, die tagsüber angezündet wird.

Ja, natürlich   Deshalb ist der Begriff Nachtwächter [im spanischen Gebrauch] entstanden.

Super, wie schön.
So ist es

Ok, und weiter. Falls du die Möglichkeit hättest, eine Stadt auszusuchen oder irgendeinen Ort auf der Welt, um Nachtwächter zu sein welcher würde dir gefallen?
Mexiko, keine Frage. Mexiko ist ein wunderschönes Land. Ich weiß nicht, ob du dich noch über die mexikanische Republik aus der fünften Klasse erinnerst wo sie Mexiko als das große Horn des Reichtums präsentiert haben und es ist wirklich so. Die mexikanische Republik ist das große Horn des Reichtums und so ist es. Ich habe in Wirklichkeit die Schule nicht besucht, in Wirklichkeit bin ich in der fünften Klasse hängen geblieben und daher kann ich mich gut daran erinnern. Ich hatte Erdkunde, Biologie und Geschichte in der Grundschule und was mich am meisten geprägt hat war der Reichtum Mexikos. Ich hatte kein Studium, aber ich habe es gemocht viel zu lesen und das habe ich nachts gelernt, vor allem ohne unterbrochen zu werden und mit der Gewohnheit die Grillen zu hören. Dieses schönes Singen welches sie haben [Gelächter]. Klar, in der Nacht kann man viel lernen.

Ja die Leute werden nicht müde weiter zu lernen … es steckt in der Natur weiter lernen zu wollen.   Ja, es geht um Kultur …

Ja und auch die ganze Welt wird von Mexiko behaupten, dass es sich um eines der schönsten Länder handelt, es hat einfach alles. Die Natur …
Die Berge, die Strände

Wunderschöne Strände
Die Flüsse, die natürliche Landschaft. Es ist wirklich etwas was jemand nie umtauschen würde …

Nein, auf gar keinen Fall.
Alle Personen wollen nach Mexiko ziehen, stimmt's? Und das ist gut, sie sollen kommen. Man muss erkennen, dass es ein Land ist was alles für alle gibt.

Aber es gibt Elli nicht und sie bekommt keine
Prozentuale und sie hält keine Hände und wir
können uns auf unsere Aufgaben konzentrieren.

Nun, hätte es sie gegeben, hätte es einen
Schauprozess geben müssen, denn wir, das ist auch
Kim, zuständig für Öffentliches und Geheimes.
Kim hätte an sieben Bäumen auf dem Berg die
Klageschrift angeschlagen. Elli, wenn sie denn
so hieße, was sie täte, wäre auf die Klippe zur
Verhandlung geführt worden.
Wir wären als Zeugen geladen worden, denn wir,
das ist auch Achim.

So ist es, das Land ist unglaublich.
         So ist es … und vor allem die Leute!

Ja, das stimmt. Aber gut, es ist etwas Wunderschönes!

Und gibt es etwas in deinem Nachtwächterzimmer, dass die spezifisch sehr gefällt?
        Ich habe ein Bild von der Jungfrau Maria Guadalupe. Unsere Mutter, die
        heilige Mutter die uns über alles beschützt. Ich bin Katholik und wo ich die
        erste Kommunion gemacht habe hat man mir gesagt: Du bist katholisch,
        apostolisch und römisch. Zuletzt, bin ich ja Mexikaner. [Gelächter]. Daher
        habe ich Bild der heiligen Mutter Guadalupe. Zu ihr spreche ich jede Nacht,
        damit sie auf mich aufpasst, mich beschützt und mich immer auf dem gu-
        ten Weg begleitet. Es ist ein Gebet an die Mutternatur, nimm an du betest
        zur Mutter Gottes, weil die Jungfrau Maria Guadalupe, so sehe ich das, sie
        ist die Schutzheilige der Natur. Warum von der Natur? Ich weiß nicht, ob du
        die Geschichte kennst. Sie ist auf dem Berg von Tepeyac geboren und der
        schönste Beweis der dem Bischof Juan de Zumarraga gebracht worden ist,
        ein Beweis dass es die Wahrheit war. War es ihm von einem Ort Blumen
        zu überreichen, wo keine zu finden waren. Rote Rosen und das macht das
        Ganze wunderschön.

Wie schön. Kannst du uns etwas erzählen was dir Nacht Angst gemacht hat?
        Was mir nachts Angst gemacht hat, war ein Bär. In diesem Gebiet wo ich ar-
        beite gibt es viele Bären und jetzt sind sie sehr Aufmerksam. Sie kommen
        von … Für mich ist der Bär sehr aufmerksam. Sie kommen hier runter. Für
        mich ist der Bär ein sehr vorsichtiges Lebewesen und da er Schwarz ist,
        sieht man ihn nachts nicht wenn er herumspaziert. Da ich viel sitze muss
        man seine Runden drehen, wegen Krampfadern [Gelächter] und so weiter.
        Und dann muss man spazieren gehen um den Kreislauf in Schwung zu brin-
        gen. Dann geht man etwas spazieren und stell dir vor, auf einmal ein schwar-
        zer Bär, ich dunkelhäutig, tauchen wir in die Dunkelheit ein und rette sich wer
        kann. Man muss sein Leben retten, nicht.

Außerdem kann man dem Bären auch nichts machen, er ist ja teil der Natur.
        Was man empfiehlt ist es ruhig zu bleiben. Du siehst ihn und bekommst ein

Wir, das bin auch ich.
Ich bekomme einen Prozentualen und laufe den Berg
ab, bevor die Sonne untergeht, ich trage keine Waffe,
ich lese Geschichten gegen den Berg und bestimme
das Wetter. Ich bestimme die Farben und benenne die
Materialien, ich entzünde das Feuer bei jedem Wetter
und ich folge Kai.

> riesen Schrecken. [Gelächter] Aber gut, man muss ruhig bleiben. Wenn die Jungfrau auf mich aufpasst, wie sie aufpassen sollte müsste alles in Ordnung sein, aber gut. Es ist Teil des Spaßes.

Ja, später erzählst du es als Anekdote

> Ja genau, so ist es, aber es ist cool. Es gibt dem Leben diesen besonderen Kick, das Leben damit es Leben bleibt muss es immer anders sein. Ein monotones Leben, ist uff … einer langweilt sich. Man langweilt sich und in Wirklichkeit stirbst du. Viele Leute sind der lebendige Tod.

Ja, weil man anteilslos wird.

> Ja genau, du verlierst das Interesse am Leben. Es gibt viele Leute die nicht im Einklang mit der Natur leben und denen es nicht gefällt auf der Erde zu sein. Sie haben Angst spazieren zu gehen und vor allem ohne Handys …

Klar   Aber gut, es ist Teil des Spaßes …

Ja, diese Geräte machen uns Abhängig

> Die wichtigen Eigenschaften ein Nachtwächter zu sein ist, dass es dir gefällt, dafür Leidenschaft zu haben

Ja gut, was soll man machen. Kannst du mir die fünf wichtigsten Elemente sagen, die es ausmachen ein Nachtwächter zu sein?

> Wenn du Leidenschaft hast, ist es das wichtigste. Leidenschaft zu haben für das was du tust. Leidenschaft für das was du erlebst. Um Nachtwächter zu sein, musst du dafür Leidenschaft haben.

Natürlich.   Zweitens, du musst Geduld haben, viel Geduld. Was ich bemerkt habe ist dass die Dunkelheit macht die Nacht lang und daher musst du Leidenschaft haben, du musst Geduld haben, du musst achtsam sein. Viel Liebe für deine Arbeit haben, nicht wahr. Du musst auch akzeptieren, dass das dein Beruf ist den du dein ganzes Leben ausüben musst. Wenn jemand seinen Beruf das ganze Leben ausüben muss ist es ahhh … Ich lerne etwas ohne es zu wollen!

Es ist natürlich besser etwas zu tun was du genießen kannst, als etwas was du nicht gerne tust und es ungern ausführst. So ist es …

> Und man ist gekränkt

Und noch dazu wird man sauer und sauer auf einen selber und mit seinem Umfeld. Alles nimmt dich ein. Ganz genau.

Und was machst du nachts, wenn es ganz ruhig ist? Wenn nichts passiert?

> Ich glaube ich habe es vorher schon erwähnt, ich fange an zu lesen, das Le-

sen reinigt deinen Verstand und wenn du deinen Verstand reinigst gibt er dir Kraft, er gibt dir Lebenskraft. Zu guter Letzt, hätten wir sicherlich nicht diese schöne Konversation. Es wäre ein sehr langweiliges Gespräch...

Verschlossen Ein verschlossenes Gespräch und traurig, ohne Verstand. Darüber hinaus bin ich im März 1955 um 5 Uhr morgens geboren und habe die Grundschule nur bis zur 5. Klasse besucht, daher im Rahmen dieser Evolution war meine intellektuelle Hauptaufgabe, wie man so schön sagt, führt man an der Uhrzeit in der man geboren ist durch und bei mir ist diese um 5 Uhr morgens. Daher erreiche ich meine höchste Konzentration, meine höchste Aktivität um diese Uhrzeit und daher wenn du deinem Verstand dieses...

Gedächtnis Nicht: ...diesen Bestandteil der Kreativität, der Imagination, dankt dir der Verstand dafür. Am Ende als ich jünger war, gab es nichts anderes als das Radio, es gab kein Fernsehen und wir hatten die Romane. Die Romane waren Radioromane und du musstest dir alles vorstellen. Der Radioroman, wie hieß er doch gleich, der Roman des Glasauges...da musste man sich alles vorstellen, jedes kleinste Geräusch, alles ging um Vorstellungskraft.

Und jetzt sind wir sehr begrenzt, dank der Technologie. Wir müssten zurück... um den Verstand zu öffnen. So ist es, nicht wahr...am Ende, wenn du deinen Verstand mit lesen ernährst ist er dir dafür sehr dankbar. Man muss einfach mehr lesen und er wird dir dankbar sein und weißt du wer am dankbarsten sein wird...der deutsche. Im Moment in dieser Welt gibt es eine Krankheit mit dem Namen Alzheimer

Ah, ja... ...und dieser [im spanischen] "der Deutsche". [Gelächter]
Man sagt, um nicht Alzheimer zu bekommen muss man lesen und lesen... aber nicht oberflächlich lesen, sondern mental...

Und es verstehen...und man muss es verstehen und laut lesen, wir lesen kaum laut, fast sprechen wir gar nicht...

Ja leider nicht, ja das ist war und es ist ziemlich asozial...
So ist es und das geht im Leben verloren. Deshalb liebe ich die Natur auch wenn man mich den Nachtschläfer nennt.

Wie cool, man lernt viel von dem was man sieht, von den Leuten die vorbeigehen und allem.
So ist es, ich habe viel von dir gelernt und man genießt viel mit Leuten zu interagieren. In diesem Fall, ich bin... ich werde bald 59 Jahre alt und ich nehme an, dass du 20 Jahre oder so alt bist?

18. 18 Jahre! Ich bin 58 und du 18 und wir verstehen uns... mit 50, nein 40 Jahren unterschied und das alles gefällt mir sehr.

Ja, mir auch! Und gefällt dir deine Uniform und alles? Oder kannst du das anziehen was du eigentlich willst? Mir lassen sie die Freiheit das anzuziehen was ich gerne möchte, meine eigene Kleidung. Ich weiß nicht, aber schau. Mir gefällt die Farbe Blau sehr und noch mehr das Stahlblau. Aber ich ziehe mir an was ich will, aber wichtiger

Anweisungen
Mexiko
Andere
Auch
Klar
Völlig
Klar
Interview
Nachts
Unbedingt
Bilder
Nein
Arbeitsplatz
Unbedingt
Mail
Kommt
Groß
Sehr

Ich rieche an allen und bestimme die Gerüche.
Ich lege den Fisch ein und sammele Kräuter.

Ich hätte Elli sehr gern gehabt und deshalb hätte ich
ausgesagt, dass sie auch meine Hand gehalten hat,
nicht nur die von Achim.
Obwohl es nicht stimmt, hätte es gestimmt, gäbe es
Elli, die es nie gegeben hat.
Wegen Vergehen an Uns wäre Elli verurteilt worden.

Winston und Arno hätten Elli in den Fluss gelegt, bis
ihre Orden ins Meer geflossen wären, wir hätten an
der Klippe ein Requiem ins Meer fallen gelassen und
wären, ohne eine Erinnerung, auf die Jagd gegangen.

Wir hätten Elli nicht vergessen können! Wir hätten
meinen Geschichten gelauscht, die keine sind,
wir hätten Kais Wahrheit gelauscht, die keine ist, wir
hätten uns beim Schlafen die Rücken zugewandt,
wir kämen nicht mehr auf die Spitze des Berges,
der kleiner würde, weil sein Fuß im Meer versänke.
Wir würden nicht zueinander finden.

Wir hätten Elli nicht vergessen dürfen. Wir liegen
im Sand und reden nicht, an den Wolken tanzt
Licht in gelber Farbe, es riecht nach Muscheln und
Seewesenkraut, aber glauben tun wir das nicht.
Kai ruft auf zur Patrouille, aber niemand folgt ihm,
alle bleiben liegen im Sand, der so gelb ist wie die
Wolken. Arno legt sein Mandat nieder und verlässt
den Berg. Sein kurzes Schwert in die Luft reckend
geht er ins Wasser.
Winston tut nichts, was nicht ungewöhnlich ist.

Verwunderung
Fragezeichen
Kopf

Öffnen

Sehen
Ja

Hören
Auch

Sehen
Fragezeichen

Tag
Ja

Arbeitsplatz
Nein

Frau
Figur
Wichtig
Offenbar
Verkupplung
Fragezeichen
Interview
Fragezeichen
Auch

Figur
Wichtiger
Offenbar

Inhalt
Vorhanden
Schon

Scherz
Fragezeichen

Javier
Fragezeichen

Lachen
Umgang
Finden

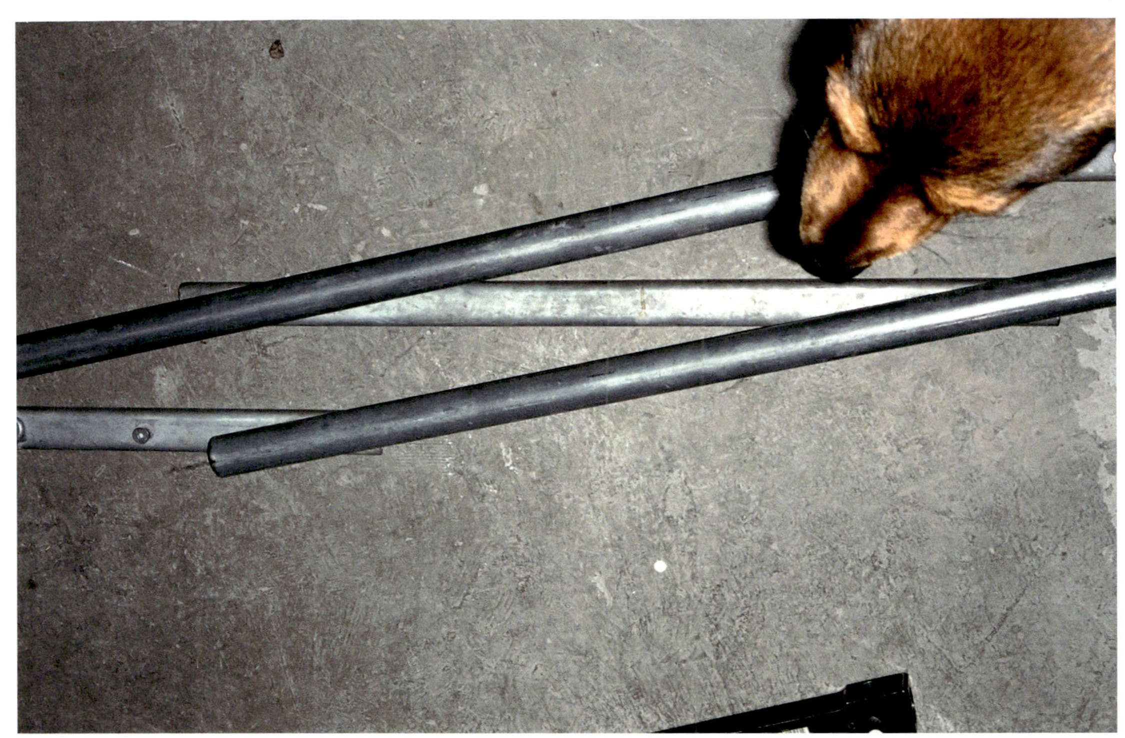

Marvin

Marvin fällt durchs Wasser und zieht die Leine einen Moment zu spät. Er wird nass und hat Angst und ist dann auch tot.

Nur im Winter ist Marvin wach gewesen. Im Sommer hatte Marvin viel zu tun, er trifft sich mit Freunden, was immer auch ein wenig Arbeit war, aber schöne Arbeit. Er überfliegt ein, zwei Zeitungen und Magazine, jeden Tag, und er ist sehr gut informiert. Er liegt in den Blumenfeldern, draußen, aber er trinkt auch Bier dabei, er isst ständig etwas Kleines und abends richtig. Und er telefoniert mit Kollegen, die immer irgendwie auch seine Freunde sind. Aber er läuft auch durch die Straßen und kickt einen Kronkorken über das Pflaster und dann isst er etwas Kleines und geht in eine Boutique. Und morgens macht er sein Bett nicht, aber nachmittags, wenn er zu Hause ist, dann schlägt er die Decke zurück und legt sie locker auf Kante und genehmigt sich ein Bier. Und er geht schwimmen, Marvin, er springt vom 3-Meter-Brett, lässt seine Haut in der Sonne trocknen und isst eine Portion Pommes mit Mayo. Aber er fährt auch mit dem Fahrrad an den See und trifft sich mit Freunden, die auch seine Kollegen sind und sie sprechen über Fallschirmspringen und Schwarz-Weiß-Fotographie, alle trinken Bier. Aber er schwimmt im Schwimmbad und im See und im Meer und im Tag, aber Marvin macht sich auch Gedanken über die Metaphorik der Dinge und über die Metaphorik des Sommers. Und einen Sonnenuntergang sieht Marvin auch, mit seinen Freunden bei Bier am See. Und wenn Marvin zum Arzt muss, dann macht er das im Winter, aber im Winter ist es still.

Marvin hat keinen Lieblingsfilm, eher viele.
Marvin läuft 100 Meter in unter 20 Sekunden.
Marvin hat auf dem Hinterkopf keine Haare.
Nach der Therapie sind Marvin auf dem Hinterkopf
wieder Haare gewachsen.
Ansonsten war die Therapie nutzlos.
Marvin raucht nicht, Marvin findet die Nacht scheiße.

als die Uniform, was man eigentlich sucht, ist dass die Person die als Nachtwächter agieren soll, das Vertrauen auslöst dass sie auf dich aufpassen
werden. Ich glaube, dass das mit der Uniform zweitrangig ist.

Ja, das mit der Uniform ist nicht das ausschlaggebende was Sicherheit auslöst.
Es gibt dir Identität, aber weiter nichts. Aber das wichtigste um angestellt
zu werden ist es zu zeigen, dass du eine vertrauenswürdige, liebevolle, ehr-
liche und transparente Person bist. Dass du gerne mit anderen sprichst,
dass du auf die Leute aufpasst und da hast du die Arbeit für dein restliches
Leben schon in der Tasche

Genau und das zeigt man mit Personalität und Charakter nicht wahr.
Ja und vor allem wenn du sympathisch und lustig bist.

Ja klar, wir haben die Person … so ist es.
So ist es, ganz genau und die Stiefel die sind gemütlich …

Ja, die sind gemütlich … hey es war mir eine Ehre dich kennengelernt zu haben.
Ach komm, die Ehre war ganz meinerseits mit dir, mit euch zu sprechen und
von diesem Gespräch etwas vom Leben zu lernen. Von jedem Gespräch
lernst du etwas

Von jedem lernst du etwas Neues.
Von jedem lernst du etwas Neues. Gutes oder böses, du lernst. Das Gute
hierher, das Böse nimmst du weg und vom schlechten nimmst du das Beste
was du kannst …

Immer muss man das Beste aus allem machen, sogar von dem schlechten.
Sogar vom schlechten, ganz genau. Du musst das Beste daraus machen,
da am Ende die Leute nicht böse sind

Nein, es gibt keine bösen Leute.
Nein, die gibt es nicht, nicht wahr? Viele Leute sind so.

Es ist die Situation.
Aber eigentlich sobald du mit ihnen sprichst, bemerkst du was für eine große Güte sie im Herzen tragen

Alle haben ein Herz.
Ganz genau, alle haben ein großes und wunderschönes Herz

Ja, sie sind halt so aber böse sind sie eigentlich nicht …
Diese Leute muss man umso mehr lieben. Würden wir in der Welt nur die
guten lieben, wäre das Leben nicht lebenswert.

Einen blutigen Leberfleck hat Marvin im Sommer
gesehen und im Winter bemerkt. Irgendwann hat der
Leberfleck aufgehört zu bluten.

»Im Grunde leben Zellen einen Tag« sagt die Ärztin.
»Wenn es Nacht wird, begehen die Zellen Suizid.
Eintagszellen sozusagen. Aber einige Zellen lieben
das Nachtleben. Und die gehen nachts aus und
haben die Zeit ihres Lebens. Sie geben sich der Nacht
hin, der Dunkelheit, dem Schatten.« Die Ärztin zieht
sich langsam mit zwei Fingern die Brille von der
Nase, faltet die Bügel ein und schiebt das Gestell in

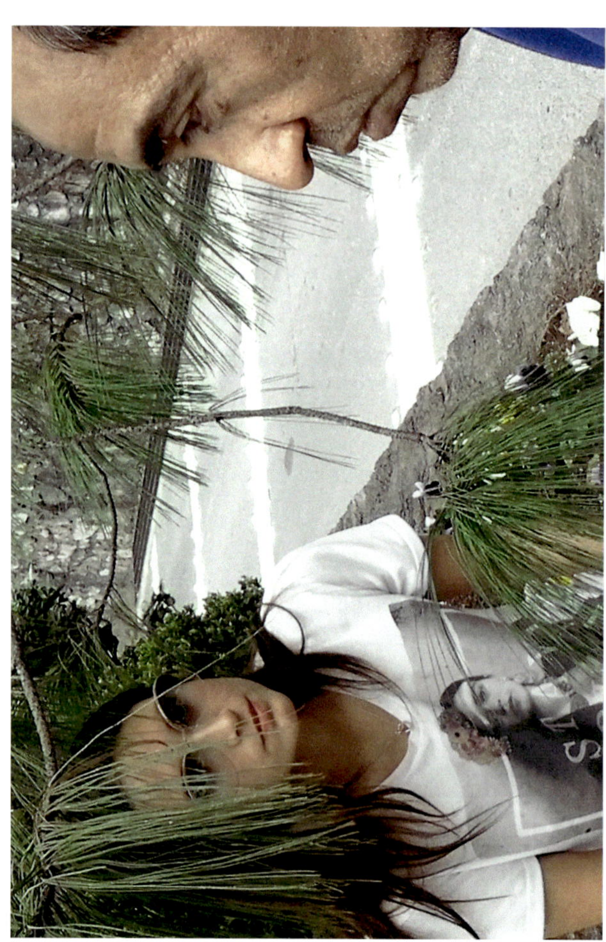

die Brusttasche ihres Kittels. Sie nimmt einen Kugelschreiber vom Tisch, tippt abwesend auf einem Couvert herum und schaut Marvin über den plötzlich sehr breit wirkenden Tisch an. Dann steht sie aus ihrem Sessel auf und holt aus dem Couvert eine Röntgenaufnahme hervor. »Diese Schatten hier«, sagt sie und hält das Röntgenbild in die Luft, »Da feiern sie ihre Party«. Marvin gefällt die Geschichte mit der Nacht. Er mag die Ärztin. Aber er versteht nicht, was das mit ihm zu tun haben soll.

Marvin tastet seinen Körper ab, von oben nach unten. Er schläft ein, seine linke Hand an seinem linken, großen Zeh.

Marvin hat einmal jemanden gesehen, der ein Straßenschild verprügelt hat. Mit seinen Fäusten.

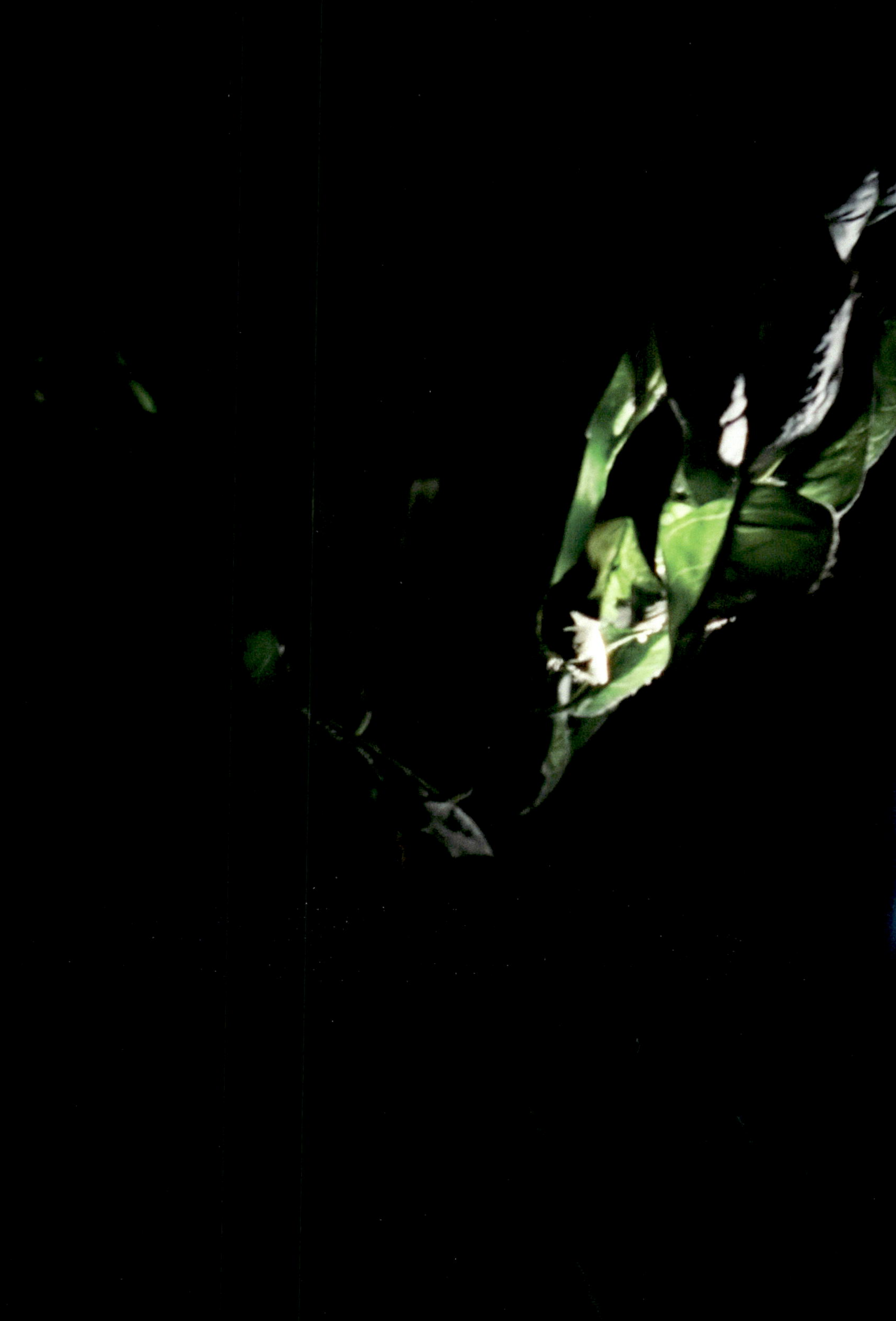

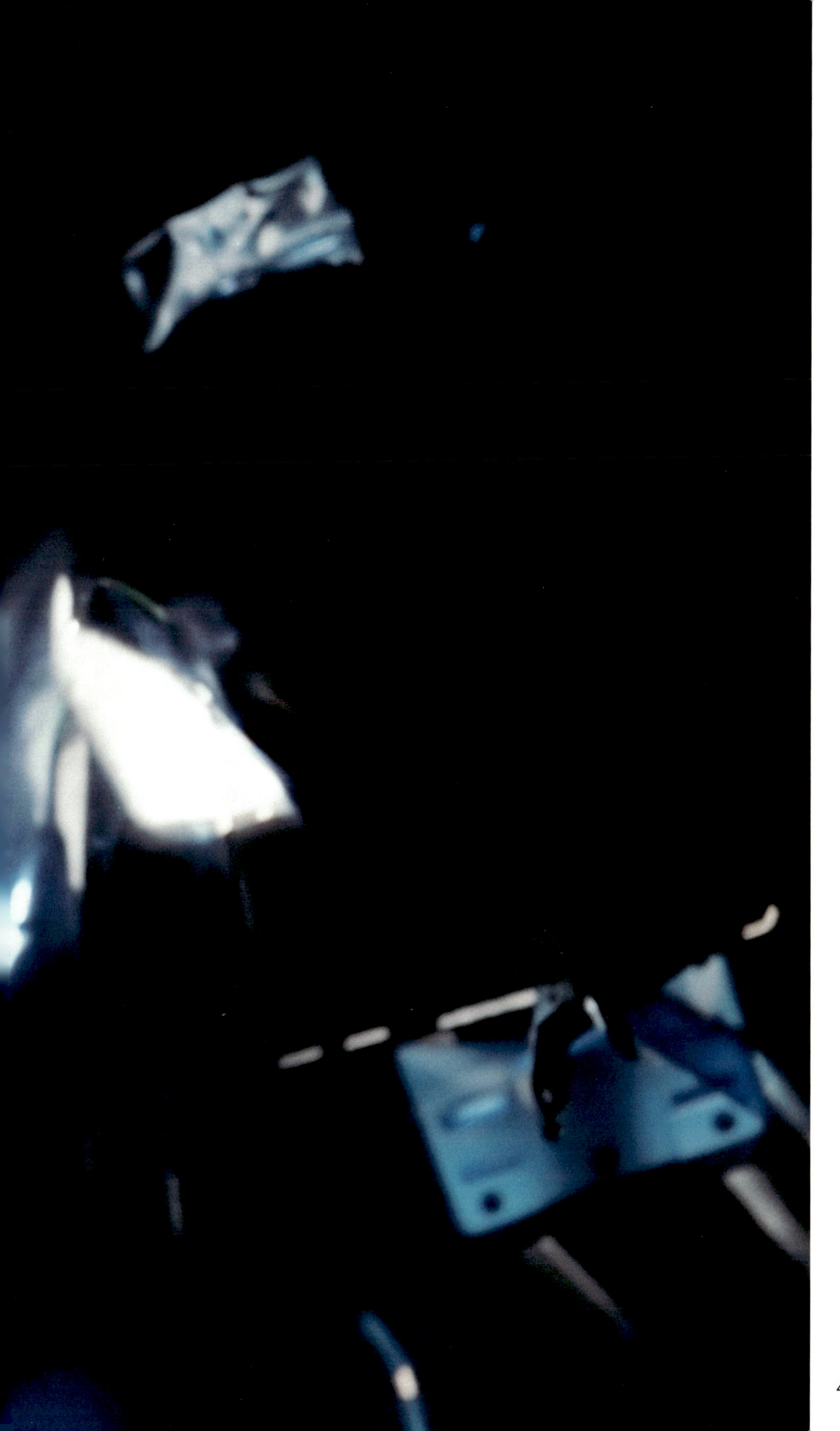

Marvin findet, dass die Nacht ist wie der Winter und
der Sommer wie der Tag. Er findet auch, dass Fallschirmspringen wie Sex ist und Tauchen wie ein
Blowjob. Er findet, dass Katzen im Grunde wie Hunde
sind, dass es eher peinlich ist, Katzen mit Hunden
zu vergleichen und man vielleicht viel eher ein neues
Wort erfinden könnte, für beides, Kande oder Hutze.
Aber er findet, dass Bier nicht ist wie Wein und dass
Wein nicht ist wie Schnaps, aber alles ein wenig
wie Wasser und dass man in Wasser eher schwimmen
sollte als in Geld. Er findet weder, dass nachts alle
Schatten Partys sind, noch, dass die Augen die Spiegel
der Seele sind. Der Sitz der Seele, findet er, ist eher
in einem philosophischen Wörterbuch zu suchen als
in irgendeinem Körperteil des Menschen. Und der
Sinn der Welt ist eher in der Welt als im Kopf,
oder im Herzen und schon gar nicht ist er in blutigen
Leberflecken.

Marvin hat einmal die schönsten Brüste angefasst, die
er je angefasst hat.
Irgendwann in der Luft, irgendwo zwischen dem
Flugzeug und der Wiese, im Himmel in der Nacht, hat
Marvin gewusst, dass er Krebs hat. Er hat es natürlich
vorher gewusst, sonst wäre er nicht in dieser Nacht
aus einem Flugzeug gesprungen, mit einem Fallschirm
so locker über die Schulter geworfen wie sein Leinen-
sakko, das er im August am heißesten Tag des Jahres
bei einer Hochzeit von zwei Freunden ausziehen
musste.

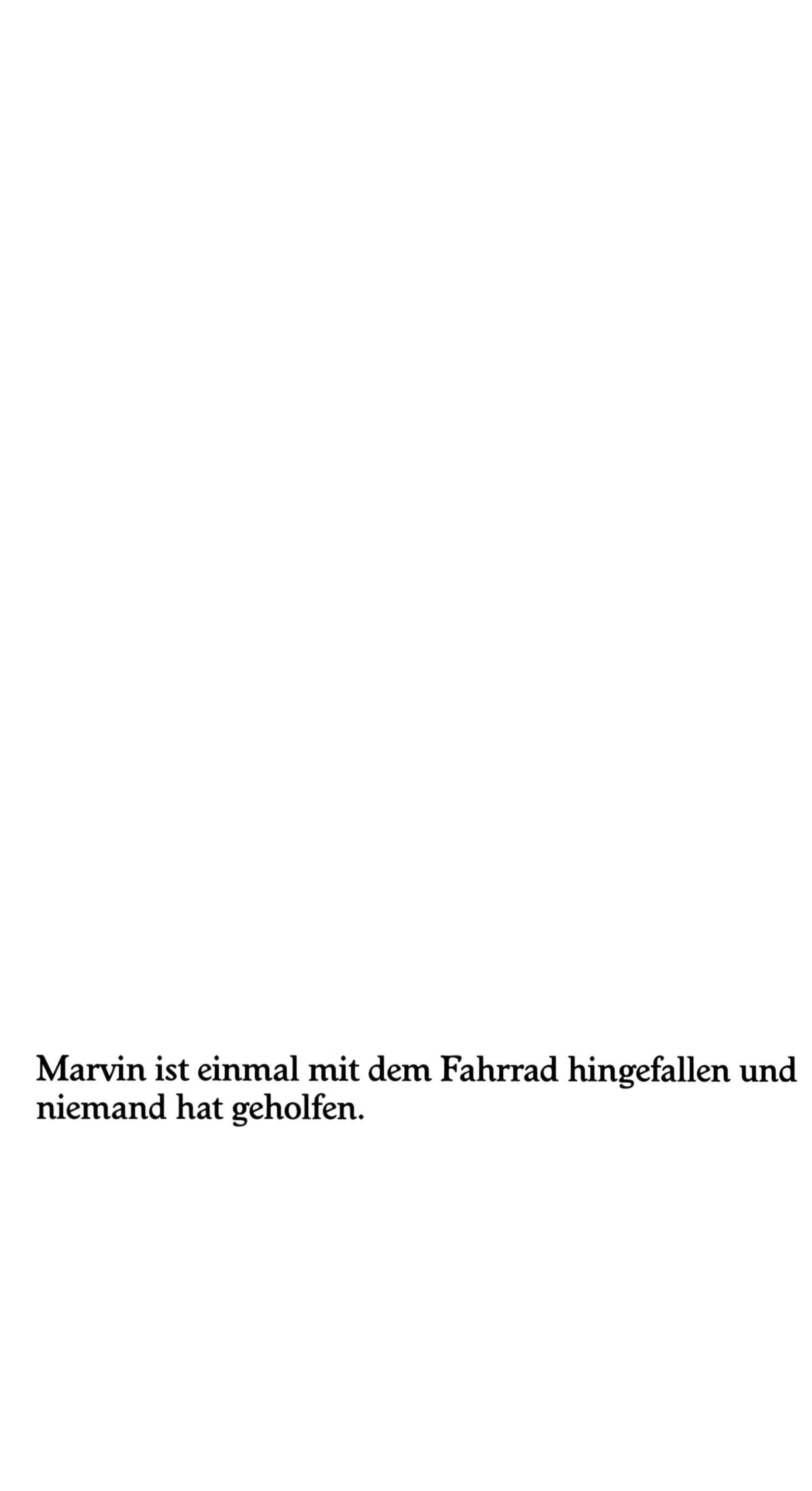

Marvin ist einmal mit dem Fahrrad hingefallen und niemand hat geholfen.

Aber in diesem Nachthimmel ist es ihm klargeworden, die Worte haben ihn erreicht und er wusste richtig Bescheid, über seinen Gesundheitszustand. Und dann war es gar nicht mehr so schlimm. Er hatte immer gedacht, dass er sich eines Nachts im Winter erhängen würde, aus einem Flugzeug springen oder ertrinken würde. Niemals hätte er geahnt, dass er durch Krebs sterben würde, was, obwohl er jetzt eben doch aus einem Flugzeug gesprungen ist, ja in Wirklichkeit passiert. Und er hat sich gedacht, vielleicht, jetzt wo alles gar nicht mehr so schlimm ist, da könnte er es eigentlich nochmal versuchen mit dem Leben, dem Schwimmen, dem Trinken, auch auf eine Hochzeit könnte er gehen. Und plötzlich schien ihm die Geschichte seiner Ärztin zwar nicht weniger schön, aber trotzdem unangenehm und er könnte sie fragen, ob sie nicht einmal ein Bier zusammen trinken wollen, aber dann war Marvin eben auch schon tot.

Ich sitze innen bei mir, in meinen Gedanken, am Monitor, der mir bleischwer auf den Schoß gelegt wurde, und gucke und sehe das Hybrid, von dem ich so gerne spreche, und weiß nicht, was es ist, dieser Bastard. Plötzlich eine Stimme, die mir ins Ohr flüstert, es muss der Oberbeleuchter sein, freundlich wie immer, aber bestimmt, sagt er oder schreibt oder diktiert:

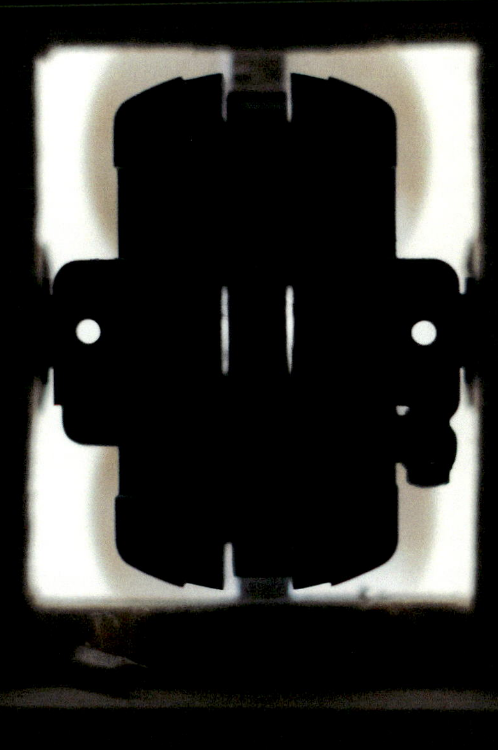

„Nacht innen. Wachmann sitzt und
wartet und flüstert, während er aus
dem Fenster schaut.
Drinnen Nacht, draußen dunkel.

Während Wachmann flüstert,
warten alle gespannt und fleißig,
ob sich etwas ändert.
Dunkel spielt vor dem Fenster,
drinnen spielt hell und der
Wachmann, der alles bewacht, was
vor dem Fenster spielt. Und alle
anderen.

Dunkel ist relativ. Wenn die Tür
aufgeht, ist Tag,
draußen die Maske, vor der
Kammer, jetzt drinnen.

Wenn das Licht an- und die Tür
aufgeht, geht Wachmann raus,
alle anderen machen drinnen
irgendwas, werden aber vielleicht
nicht fertig.
Wenn gut genug, kommt
Wachmann in die Kammer und
das Licht geht aus –
drinnen ist jetzt wieder draußen.

Die Nacht ist Spiel, wirklich ist
Tag, manchmal bleibt die Tür
einen Spalt auf,
dann hört man den Tag und sieht
etwas Licht vor der Halle.
Wenn die Tür zu ist, bleibt Nacht,
während alle warten.
Auf den Wachmann. Oder auf die
Kamera.

Licht geht an, aber die Tür bleibt
zu, nur kurz was sagen.
Jetzt warten alle auf das Licht, die
sind fertig, aber der Wachmann
muss noch reden.

Licht aus. Und weiter, weiter
warten, bis fertig.
Dann los, wir laufen, warten. Gut.
Sehr gut oder gut genug?

– Tür auf, draußen Tag, Nacht
vorbei."

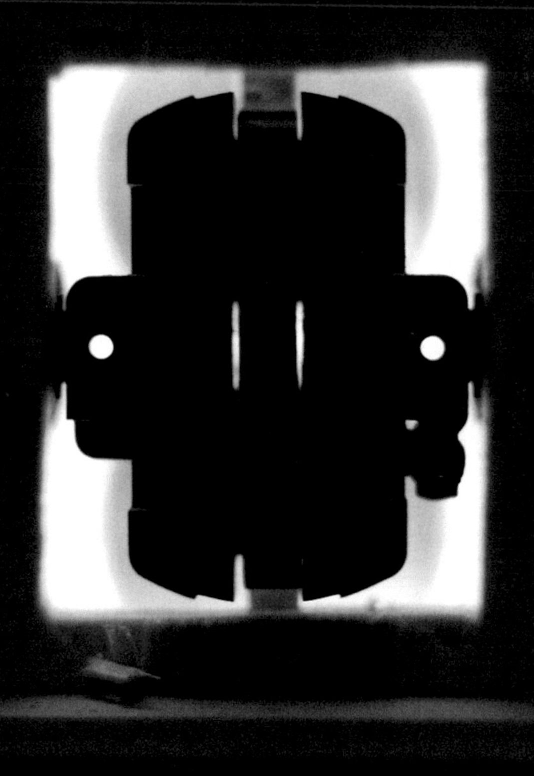

Die Leinwand im Kino dient mir als Bild, um mein Verständnis von Bildproduktion zu erörtern. In früheren Vergleichen habe ich die Leinwand immer als Trennung gesehen. Die Trennung zieht sich durch das Kino: In der Produktion wird ein Bild von einem anderen getrennt (jemand ruft am Ende der Aufnahme „Cut!"), in der Montage werden die Schnitte anders wieder zusammengefügt. Im Saal sitzen die Zuschauer voneinander getrennt und schauen sich eine auktoriale Spekulation an, die von ihrer Realität oft weit entfernt ist. Die Produktion ist von ihren Bedingungen, die Fiktion von der Haltung der Zuschauer verschieden. Das Kino ist hier nur eine Metapher für verschiedenste Räume der Repräsentation, die eine Trennung teilen. Hierzu zählen auch Museen, Galerien, das Fernsehen.

In vielen Fällen kann die Freistellung eines Gegenstandes über die Beobachtung eine Konzentration bewirken – wenn man den Gegenstand befreit wahrnimmt, sein Wesen aus dem Kontext reißen kann. Der Film versucht, dem Betrachter so nahe wie möglich zu kommen. Doch so sehr die Filmemacher es auch versuchen, alle Annäherung hilft nicht. Denn das entstandene Bild stellt die Trennung nicht nur dar, es ist die Trennung. Umso mehr, als es das Gegenteil will und eine Verbindung von sich mit der Realität behauptet. Von der ersten Idee, den Wegen der Produktion und seiner Repräsentation ist der Bildraum fast immer getrennt, man kommt aus dem Kino nur durch den Ausgang. Diese Hermetik kann man im Werk selbst kritisieren. Woody Allen macht es auf sehr charmante Weise in seiner Comedy „The Purple Rose of Cairo" (1985), in der ein Filmcharakter die Liebe einer Zuschauerin erwidert und sie in den Film ruft. Sie betritt den Raum des Filmes. Die beiden verbringen die Zeit zwischen den Unmöglichkeiten der verschiedenen „falschen" und „richtigen" Räume vor und hinter der Leinwand. Als der Filmcharakter die Fiktion verlässt, lässt ihn der Produzent durch den echten Schauspieler in der Realität suchen. Die beiden sehen sich ähnlich, aber sind gar nicht gleich.

Das klassische Kino ist eine Maschine, die Produkte herstellt. Das abgebildete, entwendete und umgewandelte Leben in einem professionell hergestellten (Film-) Werk ähnelt in Vielem dem Schicksal solcher Objekte, die aus einer anderen Kultur entwendet wurden und im Exil in einem sogenannten Völkerkundemuseum weit entfernt ihrer Herkunft landen. Die Faszination der Authentizität entsteht in der Isolation in der Vitrine. Die Betrachter projizieren ein anderes Leben in sie hinein. Solche Objekte in europäischen ethnologischen Sammlungen und Museen sind nicht nur von ihrer Herkunft getrennt, sie sind zum Bild der Trennung an sich geworden, und zum Bild global asymmetrischer Zustände und Zuschreibungen. Doch für diese Objekte gibt es oft keinen Weg zurück. In der Idee der Rückgabe der in der Kolonialzeit oftmals unrechtmäßig entwendeten Objekte zeigt sich das Dilemma, denn die Länder und Menschen von damals existieren oft gar nicht mehr. Leben, Geschichte und ihre Repräsentation sind im Laufe der Zeit andere Wege gegangen. Dies wird auch deutlich an phonografischen Aufnahmen, die die Entdecker haben machen lassen, um dem Leben und den Sitten, den Gesängen und Bräuchen der vormals Unbekannten auf die Schliche zu kommen. Es sind fragmentarische Zeugnisse aus einer anderen Zeit und Kultur. Doch auch wenn man es den Aufnahmen und Objekten auf den ersten Blick nicht ansieht, haftet ihnen noch die Idee ihrer Entstehung an, genauso wie der Weg ihrer Entwendung. Vielleicht sind gerade die Objekte und Aufnahmen, die nicht direkt rituellen Charakter haben, besonders eindrucksvoll, da uns der Sinn der Verwendung in einem anderen Leben noch mehr entgeht als ein rituelles Objekt oder eine Maske, dessen spiritueller Geist schon bei seiner Herstellung versteckt sein soll.

Ähnlich wie das in einem solchen Museum entstandene „Fremde" produziert wird, um zu faszinieren – und man das Gefühl hat, manche Objekte sprächen zu einem und übertragen in Verkennung und Verdrehung ihrer früheren Funktion ihren Herkunftsraum – merkt man auch in manchen Filmen eine wirkliche Übertragung. Ich meine experimentelle Filme, in denen das Material und die Untertöne zu einem sprechen. Obwohl Kunstwerke aus einer unverstandenen Kultur durch das Verschieben in Archive ihre originäre Narration verloren haben oder bereits bei der Aufzeichnung ihrer Funktionen Fehler gemacht wurden, ist doch oft ein Rest authentischer Faszination spürbar. Diese Faszination kann sich auf die Betrachter übertragen und neue Narrationen beginnen lassen. Im Gegensatz zu vielen Wissenschaftlern können die Künstler ihre eigene Recherche verachten, können das Gesehene, das Erlebte, das Gehörte umschreiben, einverleiben, zu einem neuen Körper bilden. Während man einen Film sieht, bekommt man manchmal mit, wie die Ideen erst nach und nach auf die Leinwand kommen. Sie scheinen, chemischen Prozessen gleich, durch die Leinwand hindurch, zum Bild zu werden. Dies passiert am besten aus der Dunkelheit heraus. Während man als Betrachter dabei ist, die Geschichte zu verstehen, die Welt zu umfassen, die der Film aufbaut, brechen durch die Leinwand die ursprünglichen Ideen oder Arbeitsprozesse zutage, die in der Interpretation des Betrachters wie Fremdkörper wirken. Diese Bruchstellen in der Hermetik des Filmes sind Ansätze, über die Genese der Bilder nachzudenken. Dies kann ein bestimmtes exotisches Geräusch sein, das einem seltsam vertraut vorkommt, oder ein Satz in einer Sprache, auf die man nicht konditioniert wurde. Abgefilmte Objekte, die einer anderen Grammatik entstammen als die restliche Ausstattung des Filmes, sind ein anderes Beispiel, wie ein Filmemacher die Fiktion verunreinigen kann, um Brüche und Falten in das Werk zu bauen, damit die komplexen Bedingungen der Produktion mit dem hermetischen Bild seiner Aufführung versöhnt werden können.

Manchmal entsteht der Prozess, einen Film „zu verstehen" oder ihn als relevantes Werk anzuerkennen, auch aus filmfremdem Material, zum Beispiel durch ein externes oder vorausgesetztes Wissen über den Drehort, die Hauptdarsteller oder sogenanntes Insiderwissen über die Produktion. Der Film „Film" von Samuel Beckett ist ohne sein Manuskript nicht als das zu sehen, das er als Gesamtwerk darstellt. Verkannt, wenn man ihn als Buster-Keaton-Fan bei der Premiere sah, gewinnt der Film erst mit der Lektüre des Skriptes an Verständnis und Bedeutung und wird so als Filmwerk zu einer der wichtigsten Untersuchungen des Blicks der Kamera und des Sehens und Gesehen-Werdens im Film. Dies passiert über die Trennung der Kamera und der Leinwand hinweg. Man kann zum Anfang des Werkes zurückkehren, indem man den Falten und Brüchen bis in die Produktion folgt und die Trennung sichtbar macht.

Fragen zur Nacht

(WICHTIG):

Ich brauche eine Audioaufnahme eines Nachtwächters (m/w). Die Aufnahmequalität sollte den Umständen entsprechend so gut wie möglich sein, die Umgebung so ruhig wie möglich. Zur Aufnahme kann eine Smartphone (iPhone, Samsung Galaxy… etc.) oder jedes andere Aufnahmegerät genutzt werden.

Der/die Interviewer/in kann spontan entscheiden, ob er/sie auf bestimmte Fragen genauer eingehen möchte, wenn er/sie das Gefühl hat, der interviewte Nachtwächter hätte dazu "mehr" zu sagen.

Es ware sehr hilfreich, jeweils die Nummer der Frage auf Englisch anzusagen, bevor die Frage in der Landessprache gestellt wird. Das Interview sollte mindestens 30 Minuten dauern, sofern es dem Interviewpartner recht ist. (Je mehr Material ich bekomme, desto besser.)

1. Frage

Stellen Sie sich vor, Sie könnten
an einem beliebigen Ort irgendwo
auf der Welt für eine Nacht als
Wachmann arbeiten. Wo wäre das
und welche Erwartungen hätten
Sie an den Ort?

2. Frage

Beschreiben Sie eine gewöhnliche
Nacht, in der Sie Schicht haben.
Was passiert normalerweise?

3. Frage

Bitte beschreiben sie den Raum,
in dem Sie während Ihrer Schicht
die meiste Zeit verbringen. Gibt es
Besonderheiten? Was mögen Sie
an dem Raum?

4. Frage

Nennen Sie 5 Gegenstände, die
für Sie nachts wichtig sind und
erklären Sie bitte, warum.

5. Frage

Gab es schon mal außergewöhnliche Ereignisse oder Vorkommnisse während Ihrer Nachtschicht?
(Das könnten z.B. seltsame, lustige
oder aufregende Ereignisse sein)

6. Frage

Was machen Sie bei der Arbeit?
Was sind Ihre Pflichten?
Was machen Sie, um sich die Zeit
zu vertreiben?

7. Frage

Achten Sie während Ihrer Schicht
auf die Zeit? Wie und warum?

8. Frage

Hatten Sie bei der Arbeit schon
mal Angst?

9. Frage

Mögen Sie die Nacht? Wenn
ja, warum? Fühlen Sie sich im
Dunkeln wohl?

10. Frage

Tragen Sie bei der Arbeit eine
Uniform? Wenn ja, beschreiben
Sie sie bitte. Beschreiben Sie bitte
auch sich selbst.

Danke für Ihre Hilfe!

→ Interviews

Die Interviews entstanden für den Film *Dark Matters* (2014). Jedes Interview führte eine andere Person.

Interviews

The interviews were conducted for the film Dark Matters *(2014). Every interview was carried out by a different person.*

Bilder
Die Bilder entstanden am Set
des Films *Dark Matters*. An
jedem der acht Drehtage war ein
anderer Fotograf am Set.

Pictures
The images were taken on the
set of the films Dark Matters.
There was a different photo-
grapher on the set on each of
the eight days of shooting.

Texte
Die Texte sind entstanden
anhand der Interviews und
Bilder.

Texts
The texts were produced on the
basis of the interviews and the
pictures.

Kommentare
Die gedrehten Texte sind meine
Aufarbeitung des gesamten,
fließenden Prozesses.

Commentary
The texts recorded are my
processing of my entire image
and thought process.

Impressum
imprint

Konzept
concept
Thomas Taube & Joachim Bartsch

Übersetzung
translation
Bradley Schmidt

Lektorat
copyediting/ proofreading
Nora Lindner, Heather Louise
Martin, Johannes Wendt

Projektkoordination
project coordination
Greta Schlünz

Gestaltung
graphic design
a r c — Joachim Bartsch

Schrift
typeface
Fakt, Worchester

Bildbearbeitung
copyediting
Carsten Humme

Druck
print
DZA Druckerei zu Altenburg GmbH

Erschienen bei
Published by
Spector Books
Harkortstraße 10
04107 Leipzig
www.spectorbooks.com

ISBN
978-3-95905-063-0

1. Auflage / First edition
Printed in Germany

© 2015 Thomas Taube and authors,
Spector Books, Leipzig

Dieses Buch entstand durch die Unterstützung
der Kulturstiftung Sachsen
With the friendly support of Kulturstiftung
Sachsen

Kulturstiftung
des
Freistaates
Sachsen

Nighttime questions

(IMPORTANT):

I need an audio-recording of a night watchman (no specific gender required). The recording should be of the best quality possible under the given circumstances. The surroundings should be as silent as possible. Recording devices could be any smartphone (iPhone, Samsung Galaxy … etc.) or any other recording device.

The Interviewer can decide spontaneously if he/she would like to intensify some questions, when he/she gets the feeling that there would be "more" of an answer to get by the interviewed watchman.

It would be really helpful to mention the number of the question in English before asking the question in the original language.

The Interview should last minimum of 30 minutes – if that's OK with the interviewee. The more material I get, the better.)

1st question
Imagine if you could choose any
place in the world to spend one
night as a night watchman. Where
would you like to go and what
would your expectations of that
place be?

2nd question
Describe a typical night when
you are at work. What usually
happens?

3rd question
Please describe the room where
you spend most of your shift
Is there anything specific?
What do you like about the room?

4rd question
Name five objects you would
consider important for you during
the night and please describe why
they are of importance for you …

5th question
Have there ever been any
extraordinary incidents or events
while you were on your nightshift?
(For instance, they could be bizarre,
funny, exciting…)

6th question
What do you do during your work?
What are your duties?
What do you do to help the time
pass quicker?

7th question
Do you pay any attention to the
time during your shift? How and
Why?

8th question
Have there been moments during
your work when you felt afraid?

9th question
Do you like the night?—Why
is that? Do you feel comfortable
being in the dark?

10th question
Do you wear a uniform while you
are working? Please describe the
uniform. Could you please describe
yourself, too?

Thank you for your help!

The cinema screen represents an image that enables me to explore my conception of the production of images. In previous comparisons I always viewed the screen as separation. This separation permeates cinema: during production one image is separated from the other (at the end of a take, someone yells "cut!"); during editing, these shots are reassembled in a new order. In the cinema, the audience sits as individuals, divided, passively observing an auctorial speculation that is often far removed from their reality. Production is separate from its circumstances, fiction from the viewers' perspectives. Here, cinema is merely a metaphor for spaces of representation of all kinds, which allconnect have a common feature: separation. They include museums, galleries, and television.

Often, observation of an object has a concentrating effect that releases it from its context. The essence of the object, removed from this context, can be perceived freely. Film attempts to come as close to the observer as possible. Yet these efforts are futile, whatever the director might attempt. The resulting image not only depicts the separation, it is the separation. All the more, as it desires the opposite and wants to claim a connection with reality. From the moment the idea is conceived, the paths of production and its representation very rarely cross. One only leaves the cinema through the exits. This hermetic can be criticized in the work itself. Woody Allen does this quite charmingly in his comedy "The Purple Rose of Cairo" (1985); one of the cast reciprocates the love of a cinemagoer and takes her with him into the world of film. The two spend time between the impossibility of various "false" and "true" spaces in front of and behind the screen. When the character leaves the fiction world, the producer sends the real actor to find him in the real world. The two look very similar, but they are not the same.

Classic cinema is a production line. The life depicted, pilfered, and metamorphosed in a professionally produced (film) artefact share a similar fate to objects appropriated from distant cultures and countries. Displayed in a so-called ethnological museum, far removed from their place of origin, they are exiles. The fascination of authenticity emerges in the isolation of the showcase. The audience projects their own version of life on this canvas. These objects are not only kept separate from their origins, in Europe's museums and ethnological collections, they have become an image of separation in and of itself, and an image of global asymmetrical states and attributions. Yet there is often no way back for these objects. The idea of returning objects that in many cases were illegitimately acquired during the colonial era is at once confronted with this difficulty: in many cases, those countries and people no longer exist. Life, history, and its representation have gone different ways over the course of time. Revealingly, explorers had phonographic recordings made in order to get to the heart of the lives and customs, the songs and rites of the previously unknown. These are fragmentary witnesses of another time and culture. Yet even if it is not apparent at first glance, the recordings and objects remain loaded with the idea of their creation as much as their journey of appropriation. Perhaps it is the very objects and recordings which are not of a ritual nature that are particularly impressive, given that their meaning in a past life is even more mysterious to us than a ritual object or mask whose spiritual essence was intended to be suffocated at the moment of production.

Just as these museums are de facto factories of "foreignness"—and you might almost feel that certain objects speak to you, revealing their place of origin in the twisting and misapprehension of their original function—some films also convey this sense of genuine transference. I mean experimental films in which the material and the undertones speak to you. Although works of art from cultures that we do not comprehend may have been stripped of their narrative framework by their demotion to the archives, and their functions may in some cases have been incorrectly recorded, traces of authentic fascination often remain. This fascination can be transmitted to the audience and be the source of new narratives. In contrast to many scholars, artists can scorn their own research, can adapt what was seen, experienced, heard, assimilate it and reincorporate it. As you watch a film, it sometimes dawns on you how the ideas made it onto the screen in the first place. They develop as if by some chemical process. It's a process that works best when it's dark—pitch black. As part of the audience, while you try to follow the narrative, to understand the world that the film creates, the original ideas and working processes start breaking the fourth wall, intruding like foreign elements into the viewer's interpretation. These fractures in the hermetic of the film are approaches for thinking about the etiology of the images. This can be certain exotic sounds that one finds strangely familiar, or a sentence in a language in which one isn't conditioned. Filmed objects of a different grammatical origin than the rest of the film's accoutrement are another example of how producing a film can mean muddying the waters of fiction—to score cracks and wrinkles into the work so that the complex circumstance of the production can be reconciled with the hermetic image of its staging.

Sometimes the process of "understanding" a film or recognizing it as a relevant work also emerges from material foreign to the film; for instance, through an external or assumed knowledge about the shooting location, the cast, or insider knowledge about the production. The film "Film" by Samuel Beckett cannot be understood as a gesamtwerk without its manuscript. Buster Keaton fans attending the premiere may well have been baffled; only upon reading the script does the film reveal itself and gain meaning, and thus becomes one of the most important investigations of the camera's gaze, seeing and becoming seen in a film. This occurs through and beyond the separation of camera and screen. One can return to the beginning of the work by following the wrinkles and fractures into the production, and making the separation visible.

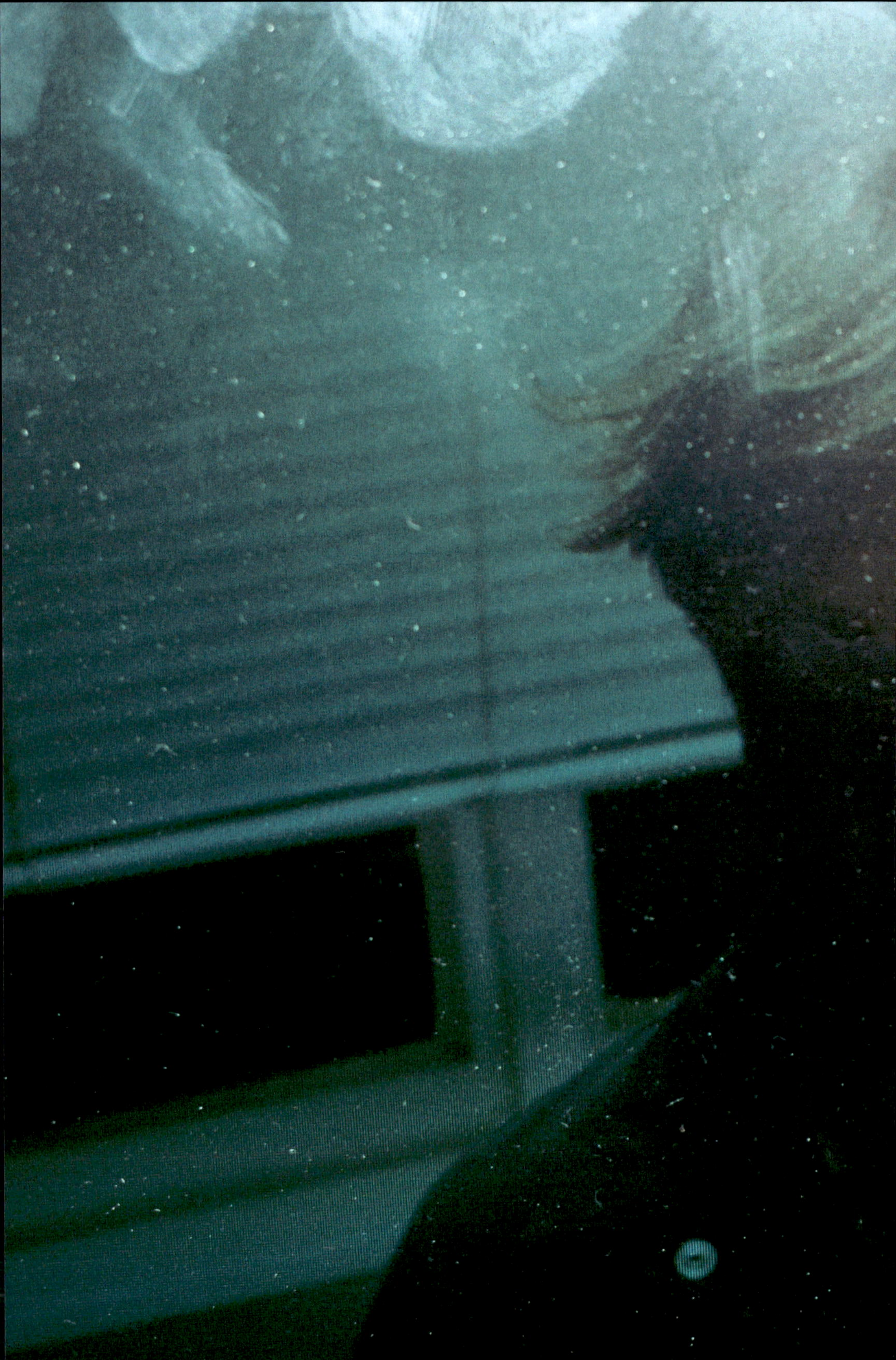

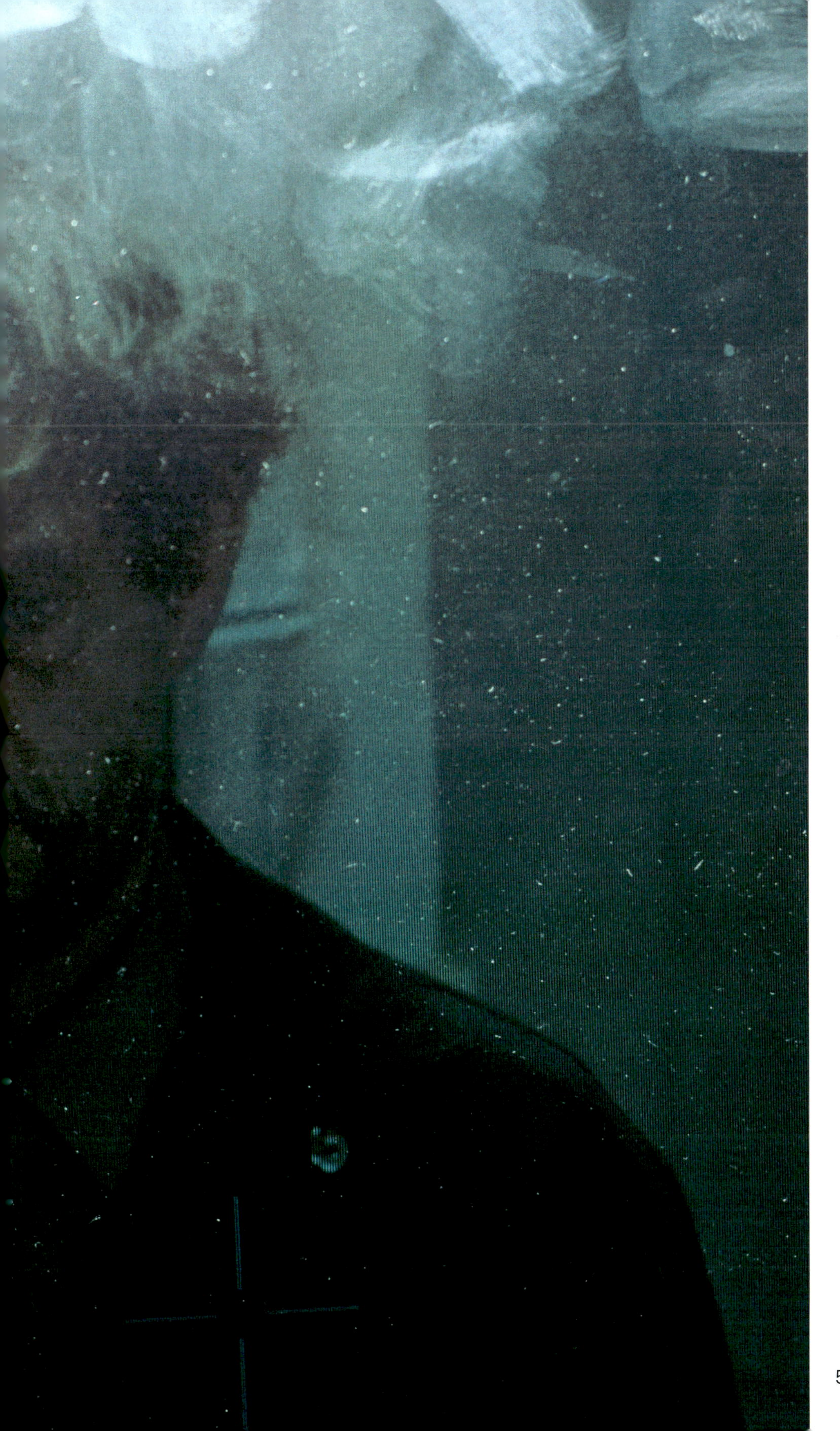

Esra

Esra is 20 or 40 years old, or maybe much older.

Esra works in a clock shop. In the clock shop where Esra works there are two peculiarities: the first peculiar thing is that the clocks are all turned off. Whenever Esra tells people that she works in a clock shop, they say that it must be very unpleasant hearing the constant ticking of the clocks, which Esra can understand very well. And then the same people say that you probably get used to it. But Esra didn't get used to it. She also doesn't believe that anyone
could ever get used to it. She thinks the assumption that you could get used to it is really blind, to be precise. Or at least outrageous. She can't understand how people who get up every day and go to bed every evening, spend a certain amount of time every day with a certain activity (for instance, they take the train to go somewhere, it leaves every day at 1:23, but a second one leaves at 1:47, the destination almost the same) but spend every day like one that will never come again, like a sunrise is never the same, like a market always smells unique, like people can register the date (after the fact, of course) on the smell of the market, so how those kinds of people can claim that you could get used to the ticking of the clocks. And that's why all the clocks are turned off in the shop where Esra works.
The second particularity is that the clock shop is only open at night.

Esra was in prison once. She was a member of the »Children of the Night« group, which made a cult of not having a liturgy. No sacred objects or devices, no holy figures, and not any angels in the first place. They pray to a hole in the forest, that was already there, they didn't even dig it themselves. And the forest isn't even natural growth forest, just commercial timberland. And their prayer, even when presented like a mantra, in a circle, belted out into the hole, again and again, didn't praise the hole itself, but rather at the edge of the hole, the edge of the forest, the sunrise and the sunset, the corona of the moon, the vibrating air underneath a nearly extinct birds of prey. The night didn't stand for nothingness, which would also be nonsense, but for the edge of existence. But that's not why Esra was in prison. The group had robbed a kiosk and Esra got caught.

Esra just sits there and doesn't do much.

Where have they gone, the sources and the images, and where do they come from?
There are so many rivers and so many currents and sometimes, if I'm not very careful, then the direction of flow changes – then it is as if the source and the confluence are interacting, switching places, and the tributaries take an alternative route.

This is and often was confusing for me. Just like back then, when the images that were texts returned to me and moved and danced and then finally moved twenty five times. But I hadn't thought of that when they returned.

The interviews, the sources. Me, the confluence. No, only at first, only on the surface.

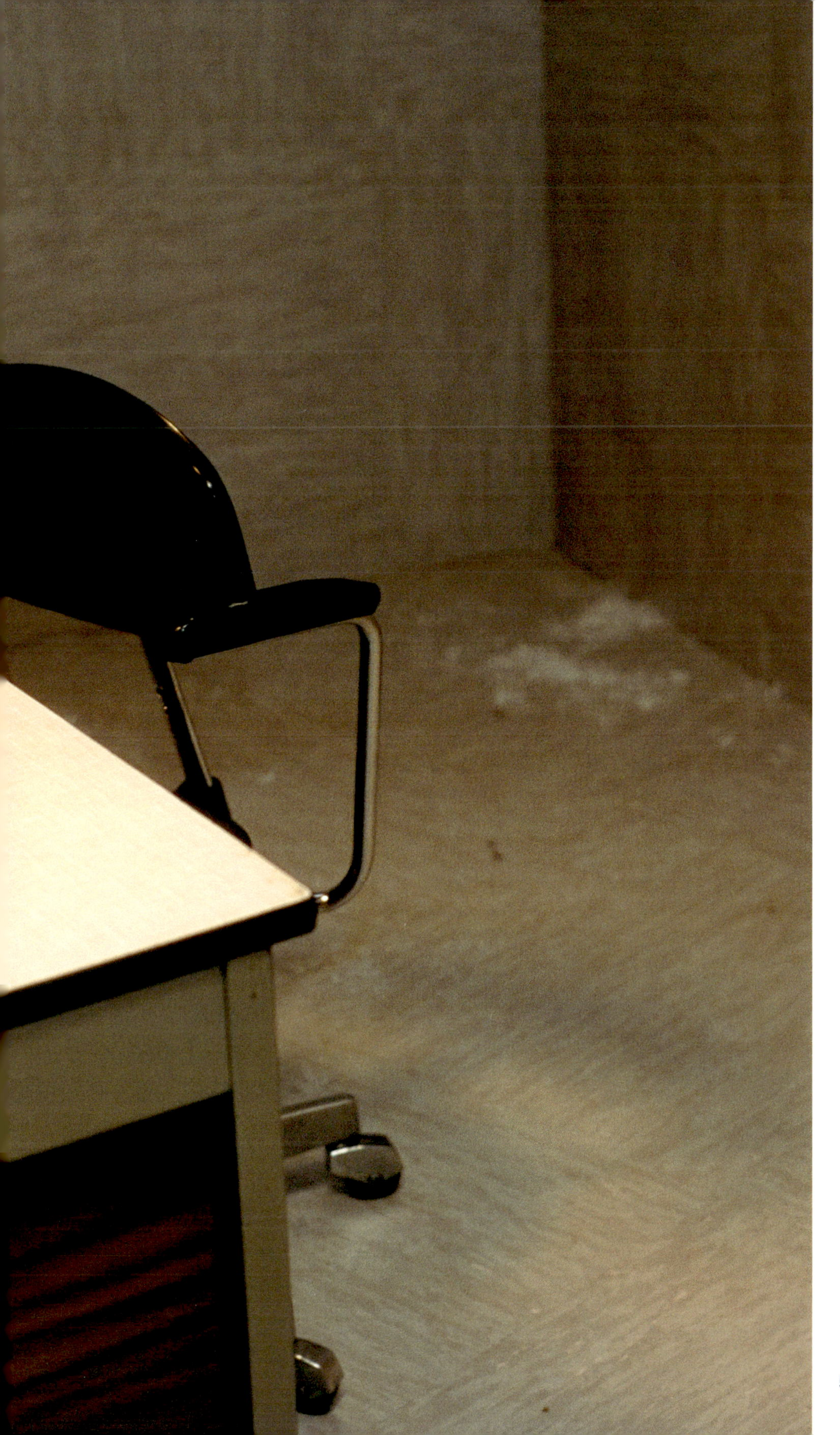

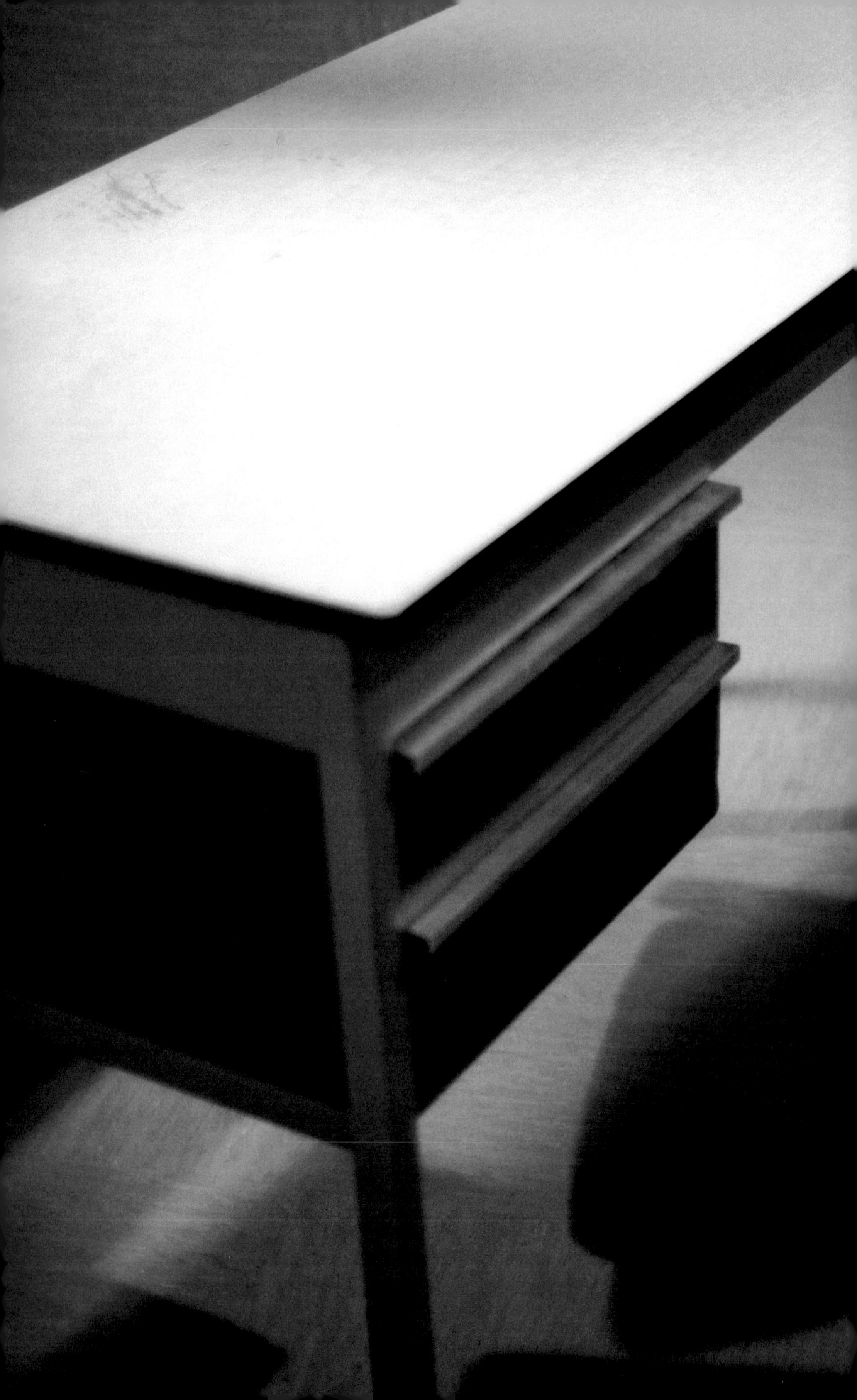

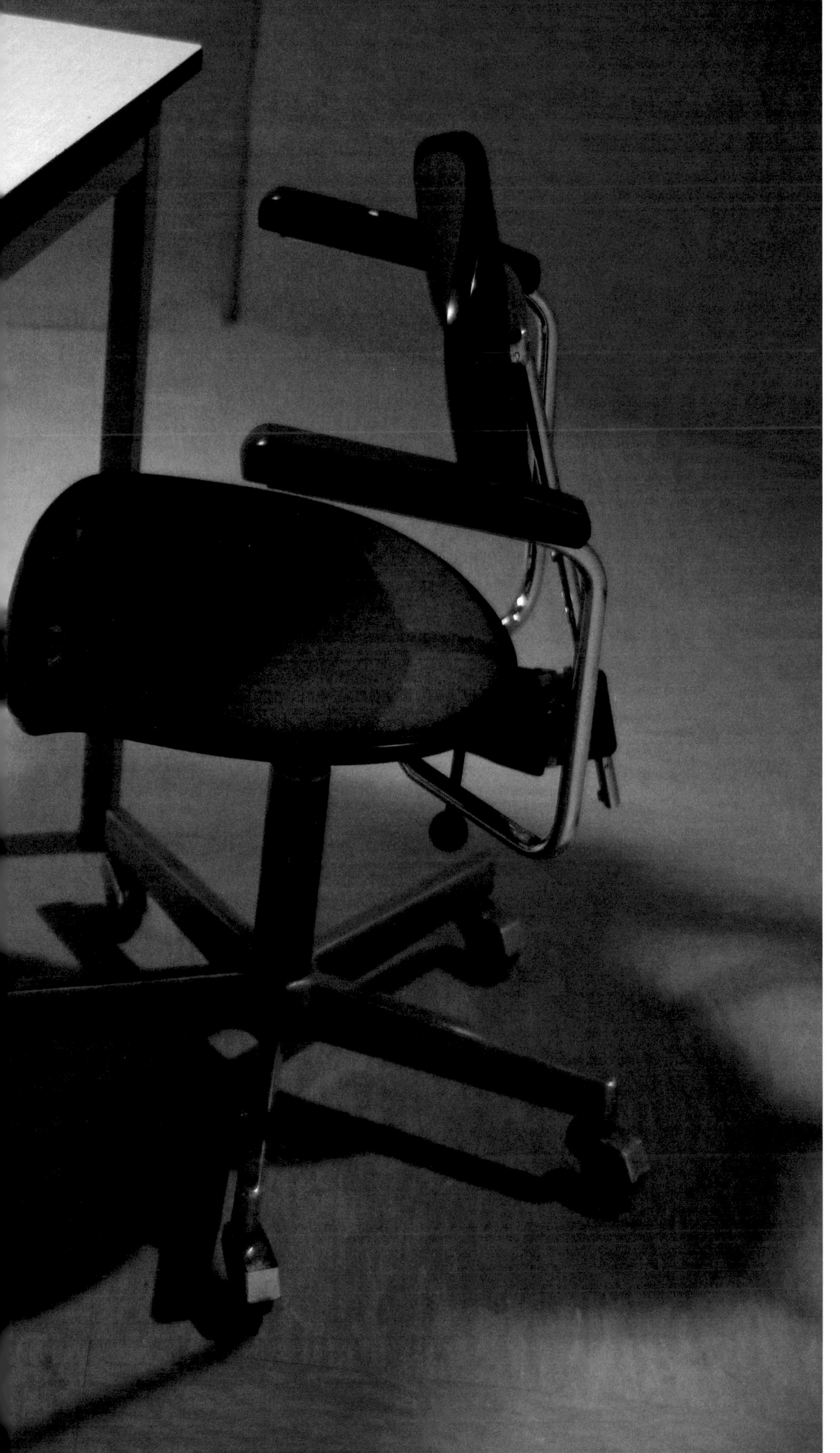

Well, please relax. Thank you for coming.
            Thank you.

Imagine, anywhere in the world, where you'd like to work as a night guard.
            Ok…hmm, Yellowknife in Canada where you can observe the northern lights.

Ah.   Night guard over there.

Could you describe your image? At midnight…?
            Well, how can I phrase it? Somehow, even it's during your work hours, there's
            a sense of having it all to yourself. Having all the beautiful scenery. And to be
            part of is very, mystic, so to say I think it'll be very rewarding.

How did you hear about this place to observe the northern lights?
            Maybe TV, or internet.

Ok. Then, what is it like? The night that you normally work. the ordinary night that you work.
            How it is like? Umm…

The ordinary night that you work.
            You mean the location?

More compared to the ideal location that you've just imagined.
            Ah, ok. That is, hmm, what is it like, first of all very quiet. The factory I work
            is next to a train station with no staff. So very quiet. The area around is pitch
            dark during night. It is nestled deep in the quiet surroundings. So in the
            sense on experiencing the night, to taste the night. I think it is a good place.

How does the room, the night guard's room, that you spend time, look like? Anything characteristic?   Right, right. Well, it is a disaster-control centre. So whenever there is a trou-
            ble inside the factory or in case of disaster, it will be the emergency head-
            quarters. So basically, there is a monitor, a big surveillance monitor and a
            TV to collect information which is on 24-hours. And there are also two pc's
            and two desks. So rather large room. Probably about 35m². And then there
            is a resting room, where we take turns to have a nap. This room also has got
            TV. There is also a small fridge, and a simple kitchen.

Have you got a favourite location? Or somewhere you feel comfortable?
            Somewhere I feel comfortable…hmm, ah yes. The room we are located is
            called the Security Room and the building next to ours has few office rooms,
            where we train our new staff. The bathroom in that building.

Bathroom?   Yes, bathroom. It's because, it is, how can I describe it, It is detached from
            my work place. And so I could relax there. It's quiet, as it isn't a place where
            people normally go in and out. So I feel relaxed when I'm in the bathroom in-
            side that building. Right…

Have you got your own space where you can put your personal belongings?
            Yes, we've all got our own locker. Right, right. Ok. then…

Please tell me the five most important things for you when spending the night as a night
guard.   Ok.

That's question number…? Oh, yes. This is question number five.

Five most important things when spending the night. Let me see. First of all, concentration. Concentration is important because, well obviously because we are security guards. We obviously have to watch out for, for example, suspicious person entering the site. Making sure they don't enter. Also, for those who regularly visit the site, such as our employees and staffs from associated companies they also need an entry-pass to get in. So we need to check whether they've got one. That requires concentration. Also keeping eyes on vehicles entering, and generally watching out for irregularities. So the concentration to be constantly alert is needed. Second is perseverance, or the ability to endure. See, we work in 24-hour shift, and most of the time sitting. So unless there is some trouble, or anything that raises our attention we are basically sitting for the whole time, not moving.

I see…   We can get extremely sleepy.

Yes, yes.   So we do a lot to stay awake. Such as, moving drinking coffee during short breaks and so on. That type of perseverance, to endure it. Also, it is cold during winter and very hot during summer.

Is there an air conditioning?

We do have air conditioning, but the windows are always wide open and our counter table is by the window. So although we are sitting inside the office, it is almost like sitting by the window and so, well. It is extremely susceptible to hot and cold weathers. It is almost like sitting outside, so the ability to endure such condition is important. And the third is teamwork. We mainly work at the registration desk but there are also security guards who does the patrolling. In case of any unexpected events, they are the one who goes to the site. And it is important for us to have a good coordination with them. To give appropriate instructions, or to consult them. So called, "Report, Liaise, Consult". What I mean is, sharing the information about the situation cannot be done by myself alone. We must work in team. And the fourth is, hmm, let me think. Ability to make decisions.

Decisions?   Yes. This overlaps a bit with the previous. For example, we have got manuals that specifies the protocols for certain situations, visitors and so on. Things we should follow. But in the real situation, we cannot just follow the manual. We have to be flexible, depending on the people or the situation we are dealing with. Such as, „I should pay greater attention to what this person is saying", or „I should elaborate far more to get my message across to this person". From minor things to major issues, we have deal on a case-by-case basis in order to make adequate decisions in order to avoid trouble and misunderstandings of who said what and who didn't. Such ability to make decisions according to the situation is important. How you phrase things is one example. Depending on the use of language or your behaviour. Some visitors find it fine while other visitors may find it offensive. So to decide on the appropriate communication method, depending on who you are dealing with, is very important. The fifth is communication skill. How you convey message.

Message?   This relates to the teamwork, which I mentioned earlier. In case of events, incidents, or any kind of troubles I've got to report that to the next 24-hour shift team. See, I am not the only one who is working on a 24-hour shift. Now Now, to "report" that, I have seen it myself. So I know what it is about. But to tell the other team what happened. In detail, and to the point. Obviously they haven't seen it themselves, so how and what to tell them, to make it easy to understand. Also when reporting it to your boss. The Five Ws and one H, what happened and how, and so on. In sharing those detailed information. The ability to convey message, or communication skill is essential.

I see. And especially as your work is during the night, there are more things to take care of compared to the day, right?
Yes.

Now moving onto question … ah, that was question four. So this one is question five.
Ok.

Yes, sorry about that. Have you experienced any emergency situation, or any surprising incidents?
Yes. First was, we had heavy oil spilled around the site How … did that happen? I think it was due to the negligence of the truck driver. Oil, I mean the gasoline tank's lid was not closed and spilled the oil while it was driving.The truck apparently drove around the site quite a bit. So the entire site was covered with spilled oil. Now the site we work is built on a reclaimed land. So the spilled oil could infiltrate into the sea and pollute the environment, which should never happen. So all the workers at site came out with dishwashing liquid and ran around the site neutralising the oil.

Who found it?
It was the personnel at the section where the truck was supposed to deliver. So when we received the call, it was a clear emergency. And it was also clear that we needed more people than just our section. So we passed on the information to other sections and asked for help. And everybody went out with dishwashing liquid. Yes, with dishwashing liquid.

Any incidents, such as, strangers walking in?
Oh yes, let me think. We do get lots of drunk visitors. An old man, for example, was very drunk and very insistent. We told him this is a factory site, but he said, „No, this is my home". He was extremely stubborn. We often have drunk people coming in but when the security guard tell them „this is factory site" they normally understand and leave, but he was extremely stubborn. Kept saying „No, this is my home" sat-in, and just did not move. For that incident, we had to call the police and have him transported by police car. Another one was a girl, probably just over 20. Well, her clothes were partly torn, her underwear was showing. She had bruises on her face. She was completely wasted. A young girl walking such an empty street at midnight, alone and drunk, is incredible. She could be victim of any crime. So we stopped her and asked where she wanted to go. But, her answers were not making any sense to say the least. She was so drunk she couldn't even talk. So we had to walk her to a bit busier, safer area. Where it is safer.

That busier area, is that far?
Yes, reasonably. So I had to ask my colleague to take over my place. That was a bit of a trouble.

Ok moving onto, um, question six. What do you do during work? And could you describe your duty regarding your work?
Well, I did say few in the beginning, but basically, we control people and vehicles that enter and leave the site. So everyone, that is, people and vehicles, that enter the site. They must register at the Security Room, where I work. If anyone tries to enter the site without doing that. We call the security to bring them back and ask them to register. Actually, that happens quite often. Basically everyone has to register at the office. And our job is to deal with them. Issuing numbers for the vehicles. If the visitor had an appointment, we call the relevant section and confirm the appointment. Additional-

Esra doesn't have many friends. All of the ones she has crack jokes about Esra always coming too late, which simply isn't true.

Esra can't find her peace of mind.

It starts with light, quiet, insipid music in the background, but I only notice that later. That's why it actually starts with laughter, I believe there are three people. But then that wouldn't fit with my projection anymore, which I had after the fact and had been branded onto my brain. The projection envisions a scene that actually couldn't have happened, and is influenced by a newspaper article that I read a while before or after, I'm not sure when I read it. A date. Completely clear, in a restaurant. Laughter, the second question will start with a laugh again.

The light, quiet, insipid jazz music is perceptible in the background as a fine pattern of wallpaper, now there is an orchid in front of that wallpaper. Agreement, thorough agreement. Flirt? Flirt. Newspaper article, don't influence me. How can I turn it off, the article?

A suit plays a particular role in the dream of another life. It is a single-breasted suit, the only suit.

Quiet atmosphere, sometimes there's the clatter of plates. They'll have sat here beforehand. Is anyone at home? With you? It would be very private? A flirt? My projection calls to me: a flirt! Miles Davis? You're in a private place. Perhaps that's precisely why there's the open conversation about fears, favorite places, fantasies.

it's a question of what it would be like to eat supper with a female friend instead of with her parent. Would the taste of the dishes be different? His thoughts circle

Warm atmosphere. I'd like to be there. I would like to speak Japanese. She's drinking a glass of wine while he continues to talk about the night, from his nights. Three people! I make a decision. In the background the dishes are done. A kitchen, a small one.

A small apartment, a small one. Tokyo, after all. Still, a date.

In Tokyo you can encounter 30-year-olds who who've never had a visitor at home.

She is very interested. She asked about his uniform for ten minutes, he speaks for ten minutes about his uniform.

a conversation with one of the full-time employees he'd mixed with. The suit talked about problems at work and the wife at home, so long till his narrative

She laughed, somewhat lascivious, but pleasant—I can imagine she gives her a pleasant feeling. He feels comfortable, talks and talks, here and there with delays. A pleasant, light conversation. I would have liked to be there. I would like to speak Japanese.

Kodokushi

ly, there are classified or restricted areas inside the site where people without the permission could not enter. If the visitor wishes to enter that area he or she needs to go through a certain protocol. One of our job is to help them with the procedure. Also, there is a special entry pass for the visitors entering the restricted area. It is also our job to create this entry pass. Another job is to keep records everyday who came in at what time and left when that type of information. Also, we submit report for any trouble that happened at the site. And make enquiries into the cause. Our office also becomes the headquarters at emergency situation. We've got a PA system in case of emergency such as typhoon or earthquake, where we make announcements to call for attention.

What are the things you do in case of an earthquake?
First of all, make an announcement. Each section has their own responsible sites. We ask all sections to physically go and make sure that their sites are ok and report to the Security Office regardless of the result. We make that announcement. OK. Then, um, you've mentioned about struggling against sleepiness.

How do you spend your time? Anything specific that you do to stay awake?
Well, there's a TV in our office. So watching TV is one.
Mind you, we only watch NHK [note: Japan Broadcasting Cooperation, Japanese pubic service broadcasting].

Ah, is that so.
Of course, we can watch other channels. But in principle, TV there to collect information.

I see.
It is not for watching entertainment programmes. So in principle, public broadcasting only. Well, we do watch other channels at night. But during daytime, when people are around, we only watch NHK. So we have our TV on. And of course, at the same time keep an eye on the entrance so that no strangers would walk in. What else, um, actively finding things to do is another. For example, going through previous records. Checking if there's any incomplete forms, or mistakes. Things like that.

No, not those two. No. They'll find each other. My projections will find each other. The interview, the night, art has brought them together. My projection let it be found.

You also mentioned about moving your body.

> Ah yes, we also do small stretches. Something like that. Other than that, things that does not bother our task, such as alternating between sitting and standing, that we do. We can get extremely sleepy sitting at the desk

Yes.

> So we sometimes stand up and work. Those are the things we do.

Have you ever been told off for being asleep?

> No, never.

Wow, that is amazing.

> Amazing … is it?

You are professional.

> Well, but we do doze off sometimes.

Ok, now it's, Question seven. About your working hours. You chose to work during the night. Is that because of a specific reason? Why did you choose that type of working hours?

> Any strong reason to work during the night? Yes. See, if you work 24 hours in full. You obviously cannot do anything else. Such as things what you want to do.

Yes, yes.

> So, um. My 24-hour shift is from 9am until 9am the next day. Once my shift is over at 9 in the morning. I've got the whole day for myself.

Yes.

> Also, there's a limit to the number of days I can work the 24-hour shift. It's maximum 13 days per month.

Yes.

> That's half a month. So if you think about it I can use the rest of the month for myself. It is extremely flexible in time.

I see.

> In a sense I am only working half of the month and getting paid the full month's salary. Sort of.

You work double the amount in one day?

> That's right. And so during that free hours, as I am an actor. I go to lessons, and do other things for myself, such as watching movies or listening to music. There are many things I'd like to do, so I chose a job that allows me to spare time for myself.

I see, I see. OK, now. Do you feel any fears while working?

> Um.

At night, while you are at work.

> Fear. Yes. Let me think … Hmm … It would be at midnight. Only few of us starts working in the evening until the next morning. There are hours where very few personnel are on-site. Vehicle gates are closed. As well as the entrance for visitors. All the gates are closed. Completely closed. And if anything, any trouble, happens during that hours. We won't have enough staff to deal. We also don't know if we can immediately get hold of the head of the relevant sections and the manager of the site. There is also a question of how promptly they can respond. We have our worries. Because it is just us during the night we've got to wait until the next morning for the final decision. Of course, that is for the non-emergency cases. I mean, if we can afford to wait until the next morning things are actually easy. But, for example, in case of major earthquakes we've got pressure vessels and various chemicals that are vol-

atile and dangerous. So we are afraid of cases such as explosions, fires and other extreme cases where things get out of our control. Also, we are allowed to take a rest for five hours during our shift. I am afraid of being woken up during that time due to such disastrous situations.

I see. I think those are practical or realistic fear that you have. What about, um, psychological ones? Such as … Being scared of ghosts, for example. Anything of that kind?
Ah, I see.

You don't believe in it? Are you okay with those?
I'm actually okay. Actually, in the beginning. You see, our factory is quite old. It's about 100-years old and the floor plan, oh I don't if floor plan is the right word the buildings, they haven't changed much since it was built. So it is very old, some already dilapidated. Now, the room where we take a nap is located slightly away from our office. And we need to walk through a fairly dark path to get there. We sometimes get frightened by the bull frogs. Bull frogs are enormous in size. So we sometimes come very close to stepping on it, at dark. That simply was scary! Also, well, there were rumours about ghosts in the beginning.

So there is! The factory has been running for over 100 years. Don't say I said so, but there has been deadly accidents in the past. And there were rumours about the ghost of the victims wondering around the site. So it was slightly creepy at the beginning. But after working for 3 years, well, you know there aren't any.

Right, I see. Ok, then. Do you like the night?
Yes, I do.

And why is that? I wonder why too. It's since I was a kid. Night is always more exciting than the daytime. New year's eve, for example. Normally, kids are not allowed to stay up late. We had to go to bed. While grown-ups can watch TV or have a conversation after kids have gone to bed. Whenever I heard them talking. I always envied them. But on new year's eve, even it was midnight parents took us to the shrine. And on our way back, at two or three in the morning we could eat at the restaurant. I wonder what it is about the darkness. It's the darkness that gets me excited. I think I am a night-person. For that reason as well, I think my current job is fitting me.

I see. Alright, um, its the last, Question ten. I'd like to ask about the uniform. Do you wear uniforms at work? Yes, we do. We wear normal trousers and Blazer, I mean, they are both uniforms. A specific one. Um, I'm trying to describe it. It is, um, different from what you'd normally think of as a security guard's uniform. Okay … It's more like a suit. It's blazer and trousers.

And the colour? Navy.

Both of them?   Yes, both of them. Both of them. We also wear shirt and tie. So it is relatively formal or smart-looking.

Is it in any way different from an ordinary suit?
From an ordinary suit? Hmm … First of all, the colour.

Coats of arms? Emblems?
No, not really. It's plain coloured blazer and trousers. Very simple, with nothing extra. We also deal with visitors during the day. I think that is why our uniforms are kept simple. Sort of, neat and tidy.

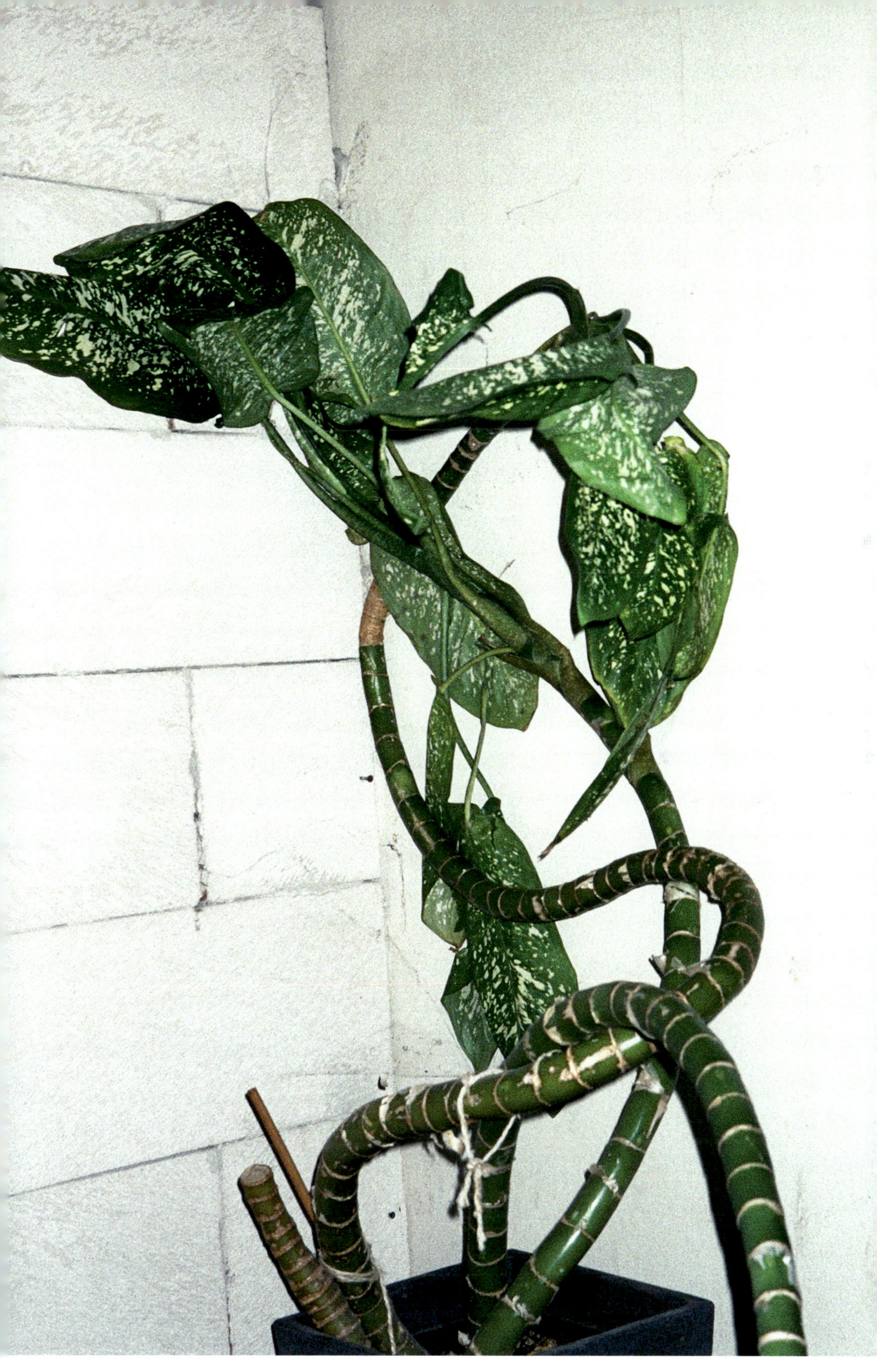

**Esra wrote a letter to the »Children of the Night,«
who live on Süllberg today:**

**You guys,
I think about you.**

The ties, are they your own?
No, ties are also part of the uniform. Plain navy ties.

Is that so?   With no patterns. So It is really a simple design, with nothing.

Any hats or gloves?No, that we don't have.

So one would not be able to tell that you are a security guard just by looking at your uniform,
right?   That's right. Our uniforms are rather formal. Very clean. I think our outfit is
actually tidier than the other staff at the site. In a way, we represent this factory. So having a clean, tidy image is important.

I see. Thank you very much.

62   Youth without Sex

Yuri Sonehara wants to get married, if possible
this year, but Yuri has her preferences. That
is why she transferred around 42 Euros to
»Stadt-Rendezvous.com« to the Machi-Con.com
company and transformed herself into the ›Office
Girl‹ type: now she wears a lot of make-up, a pearl
necklace, and knee-length skirt. She hopes to
appear attractive but still serious. That she thinks
is what's wanted by the men who she'll meet this
afternoon. Yuri's going to a konkatsu party, the
name of which is derived from the expression for
job-seeking, and means »marriage hunt.«

It's clear who is going hunting in this bar in
Tokyo's city center. The 40 women. Yuri's not the
only one who's convinced herself those are the
new sex symbols: civil servants. From the building
authority. The prison administration. The may-
or's office, the ministry of foreign affairs. What

Kermet believes in God. That's how Esra introduced him. »Hi, this is Kermet, Kermet believes in God.« Then she turned to the others and said: »This is Frida, Michelle, Bo, Hanna, and the one in the back is Rike. No one here believes in God.«
Although Kermet believes that there's something, but he never really thought about God or that there was something out there. For Kermet, the fact that something else could exist appears to be the path of least resistance. No discussion, everyone can believe what they want, something exists.
Kermet doesn't not care what Frida, Michelle, Bo, Hanna, Rike, and even Esra think, but it's relatively non-essential for him. He's not exactly upset that he now knows what everyone believes, but rather distracted. Basically Kermet would prefer a beer.

she'd like most, said Yuri, a 26-year-old waitress at a fast food restaurant, would be someone from the fire department.

And that's why Yuri is struggling with her beer, kneading her hands, and fearful that someone could sit next to her and only be pretending to be a civil servant. Every fifteen minutes the men change tables, Yuri thinks that's good, much better than the »Over 19, Under 30« party she was at recently. And the next ones are already on their way – two tidy young men, a little anxious because of the attention, all the desire they encounter here.

Yuri only takes part in a discussion about the tax agency. The work hours at the tax agency, the career opportunities at the tax agency, the reputation of the tax agency. »I know we're not so beloved by the people,« one of them said. »After all, we collect money.«

»Yes, yes,« Yuri says.

»But you know what, we also pay taxes.« Exaggerated laughter, the next sip of beer.

If someone asks Yuri and the other dolled-up women why they're paying to have conversations with civil servants, then they say one word: stability. Their man-of-my-life fantasies have the form of contracts that can't be dissolved, regular salary. These fantasies tell of the longing to lead the life of an era gone by.

Imagine you could choose from any place worldwide where to spend one night as a night watchman. Where would you like to be and please describe your expectations of that place.
It can be anywhere, where there is good security, so that I can be more relaxed. And also I have more equipment.

Equipment like what?
Something for checking … [bodychecking]

Is there a specific place? Another country? Somewhere in Afghanistan?
Dubai.

Why?   I like to be in Dubai, because Security is very good there. They have security cameras and you don't see police men because everything is secured by cameras.

Describe any ordinary Night when you are on work. What happens usually?
When I begin the job at night, first I check the flashlight and then I check the electricity, then I close the door and I check the door on both sides. When someone knocks on the door, I check who it is, then I open the door and then at 12 o'clock I wake up my friend and his duty begins.

You come at six o'clock?
Yes. Six hours work, six hours sleep — in that time the other guard is on duty, but if something is happening, I'm still there. In the morning, a six o'clock the next shift begins.

Do you sleep well there?
If I sleep here, I don't feel comfortable, because I think about if the door is open or not, who is coming and when the door is ringing, it's very loud. And sometimes the phone is ringing. So whenever I go home, I immediately fall asleep.

Do you sometimes have bad dreams when you work here?
There was a night, they announced in the media that there are some suicide killers entering Kabul, then in the next night I had the dream that there is someone at the door. So when I open the door, there are suicide bombers. When I saw them, I escaped. Then they are in and they explode the area. Then he's climbing on the ladder and he was thinking about the suicide bombers all the time.

Can you describe the room where you sleep after your shift?
The room I use for sleeping has one door, one window. There is one bed, we both use it. The room has lots of damp, humid, lots of that, at the bottom of the wall. The situation in that room is not good. If they [the foreigners] would have to sleep there, they couldn't. The color of the walls is not nice and the toilet was not good. Now they repaired it, its better now.

Which color does the room have?
Green.

You have television there?
We have, but it's in coma. The room [it is a small room next to the door] is very small. You cannot fit more than two or three people here. If you sit there for five to ten minutes, you get tired — you have to change the positon and

also the colour is very bad. The room has no glasses in the window. The fan [in the other room] is too loud, it sounds like a mill. It's so loud that you cannot sleep when it's on. And in the summer there are so many mosquitoes, that I cannot sleep.

Is there anything you like about the rooms?
In the winter it was very warm, because the walls are thick.

Name five objects you would consider important for you during the night and please describe why they are of importance for you.
Flashlight … mobile phone … english book … my friend [the other guard] … the things I need for work.

Why the flashlight?
Everywhere it's dark, so when I hear something I use the flash, for example to see if someones behind the tree or not. Also that is what usually thieves do, they throw some stones, if he uses the flash, they see: oh they have guards …

Why the mobile phone?
When we have some problems, any kind of problems, security problems or health problems, if one of us is sick, we can call the driver, the hospital, the fire fighters if there is fire.

The book?   The book is a very good friend. I want to learn more English when I'm free and when I have nothing to do.

The friend, the other guard?
To help each other, in case of fire or when I get sick or when someone comes, then he's here to help me.

Have there ever been any extraordinary incidents or events while you where on your night-shift?   One night there was a party at night. Alex's friends were all very drunk and one went on the toilet and fell asleep. We couldn't open the door anymore.

What are you doing to let the time passing during the night?
Sometimes when I'm free, I read The Holy Qu'ran, because I'm a Muslim, I find it necessary. Sometimes I play games on mobile phones.

Which games? Car races. And sometimes I listen to music.

Which music?   Afghan music.

Which singers? Abdullah Muqureh. Because he has a lots of "Atan" music in his songs.

Do you care about time during your shift? How?
Many guards in Kabul change their shifts every 30 minutes, but our shift here is for six hours. Time passes very very slowly at night.

How often do you check your watch?
Until 9 pm I don't check because I already know the time from the prayer callers. After nine o'clock I'm checking the time everytime I turn the page, so every 20 minutes.

What do you do if it's not your shift, you have time to sleep, but you can't?
When I don't fall asleep, I turn the light on and read the english book. Last night when I went there, I did the oblution, the islamic way, it was cold water,

The Children of the Night receive you, Kermet,
they form a circle around you.

Once, when Kermet woke up in the middle of the
night and Esra lay next to him, Kermet told her his
dream. It was dark in the neighborhood and his
was a child, together with other children, one blind
black kid, a mentally handicapped kid in a pizza
delivery uniform, and Marcel Koppermann from way
back when. All of them poor, although Kermet had
grown up in affluence, just like Marcel Koppermann.
Kermet had all manner of things with him, a cup for
making bubbles, a bag of candy, beads, coins, and
marbles.
Things were constantly getting lost, and one of the
other kids suddenly had it and proudly showed it
around. The other kids acted like one of them would
steal them. When the blind black kid showed one of
Kermet's marbles and asked what color they were
and Kermet had then said that it was none of his
business and he should put the marble back fast, but
the blind black guy had said that he hadn't known
that the marbles belonged to him, to Kermet. He
said that Marcel Koppermann had given them to
him. When the mentally handicapped boy suddenly
sucked on a sour lollipop and although Kermet
didn't want it back, he still wanted to confront the
boy, and said that Marcel Koppermann still had the
whole munchies bag, so he, Kermet, should turn to
him. But then all three of them laughed in a way that
told Kermet all three of them were in cahoots.
In the end Kermet had taken a baseball bat and
smashed the other kids' knee-caps to pieces. That's
what woke him up, in the middle of the night,
although a new day was already starting in the
dream.

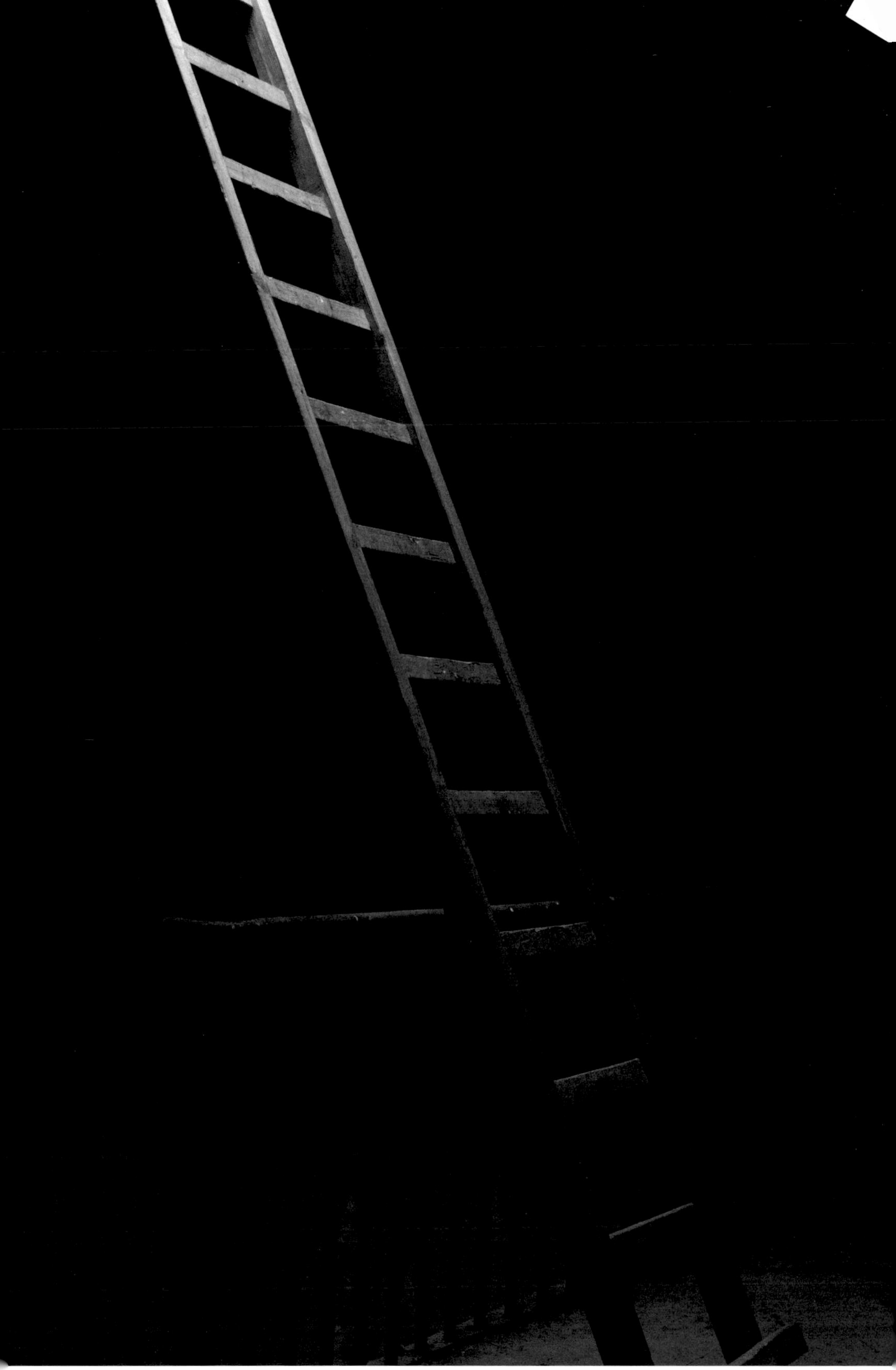

so we have an expression: Sleep goes from your eyes. I was awake until 3 am.

Have there been moments at work when you've been scared?

> Once, it was 3 am, I forgot to give Nabi the key [other guard], then Klaus [person who lives in the house] was leaving to Germany, then they couldn't find the key. Nabi opened the door heavily and asked me: where is the key? Where is the key? And Nabi has some kind of allergy. When it's cold—it was in the winter—tears come, so it looks like he's crying. So when he turned on the light and asked for the key, I was so scared. I thought, maybe someone is in there, why he has cried? I was frightened so much, I was sick for two days. I was mad at Nabi, you could have opened the door slowly and asked me slowly—you scared me like hell!

Sick in which way?

> I told my friends about Nabi. Even if I would see Talib or Terrorists, it would not have scared me as much as Nabi did in that moment. I lost my appetite and I was very irritated.

What is the most difficult thing about your work?

> For an honest night guard, the most difficult thing is, that you have to check everything very often. Who is at the door? Who is behind the door? So you cannot stay at one point for longer.

Do you like the night?

> I like the night, because you work during the day and at night you feel comfortable, you relax and all the difficulties the worries you have during the day for whatever reason, they're all gone.

Because you sleep or also when you're awake?

> When you sleep.

How is it when you're awake? Do you like the night then, too?

> Even here, at work, I like the night. But on Friday night, when I go home, I like it more. I can go home, I can talk with my family.

Do you like the darkness?

> I love darkness. I'm not scared. If we have the light on in here, I cannot see outside. I just have it on because I'm reading the book. And also because if I turn out the light, the people who live in the house might think that I'm sleeping, that's also a reason why I turn on the light. I prefer the darkness.

A collector's piece? A collector's piece. Something with value, that's what was said. But also authentic, that's what was said. I was quickly convinced. Till it fell down. I didn't just fall once, the clock, it fell twice, and Lars screamed, and we laughed, and Max screamed too, and the glass, that screamed too, and broke every time anew.

I can't ask her. No, I can't do it.

Why not? You're an artist, you can do anything!

The hell I am. At some point at a gallery opening someone will come around the corner and tell everyone: hey, get that guy out of here. He's not an artist at all.

Whatever, and even if it that was the case, which it isn't, we're still artists now, so we're allowed to.

You might view us that way!

Yeah, and that's enough. Now take a seat at the table.

Then Kermet had asked Esra if Bo was a thief. Esra said that Bo wasn't a thief. Kermet had asked Esra how she knew that. And Esra had said that Bo didn't have anything. Thieves had all kinds of stuff, Bo had nothing.

Kermet folded his hands in his lap and looked forward, over the empty seats. It's nine o'clock.

Why?
It's in my nature. Even when I'm at home, I like it to be dark.

Do you wear a uniform while your working? Do you dress differently when you go work?
I don't wear a uniform, but I would love to have one. I think it's good to wear different clothes when you're at work.

Please describe yourself.
I'm 21 years old, Ive been working here since ten months, it's my first job for foreigners and I like it. I'm not saying that, because you're german, but germans were the first people who builded schools and hospitals. And also in his province, Wardak, they helped a lot.

He sits down at the table he had moved weeks before because too many memories had come up at the old spot

How did you actually get the idea of writing her?

I saw her picture.

I saw her picture, in the paper, next to her column. The weekly reoccurring explanation why she was in that place and where (or from where) everyone else was running, which I considered tough. I liked the picture, the name was interesting, but the most important thing was that place. The place, a place charged, the name of which could be heard daily. Good reasons to be an artist and write her.

Kabul. What does the darkness in this name mean? What does it mean when the streetlights, which presumably no longer exist, the sidewalks, which are no longer there, illuminate and merely the few open shops make the dry, broken streets with their neon lights. What does presence mean in this scene and what is present? Obvious and underneath the surface? And what if then the subject is transformed into a third person?

Sorry, but that is absolute crazy rubbish.

Then everywhere is dark.

In the space of 1 hour 41 minutes and 11 seconds, among other things, Ronja told me that the people, whoever that means, but all Afghans, whoever that is, are perfect story tellers. It was the sixteenth of May, 2014, and this piece of information impressed me so much that I had to realize the project, what I'm not making. It is about the ability of people, whoever that means, to tell stories, and pass them on. Narration, the project, the twenty-ninth of July, 2015, today.

Kermet subverts the initiation ritual by not
participating. Esra says it's not a problem, the
Children of the Night had always been skeptical of
that ritual anyway, in particular, but also of rituals in
general. However, he had to be along at the robbery,
after all, it was about the money. Then he would be a
Child of the Night, even without a ritual.

We greet you, we appropriate you, we take you in,
we separate ourselves from everything, with you.
Everywhere is nothing and we are everywhere in you.
We lie in the grass with you, we look around with
you, we dig our hands into the earth with you.

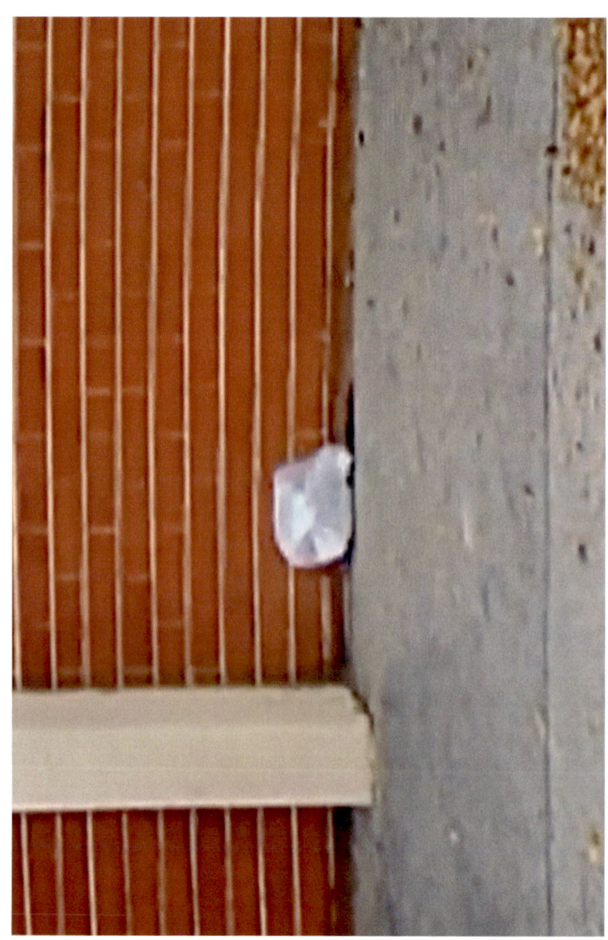

Imagine you could choose from any place worldwide where to spend one night as a night watchman. Where would you like to be and please describe your expectations of that place.

> If I was to work elsewhere … it does not really make any difference I'm happy where I am and … if I was to choose a different walk of life the answer would be yes and the job that I always wanted to do … was to become a professional football player and I even tried and put some effort on it but for a number of reasons I couldn't continue and my biggest goal was always to be a professional football player to help my family and friends and that's what I liked to do

Describe any ordinary night when you are on work. What happens usually?

> Basically my job usually is arriving at work at 3 in the afternoon and my work starts at 5 pm. My duty starts from 5 pm and ends on 8 am the next day and while I am about to start my shift wait till all staff leave the premises when everyone left the building I go and check every unit and rooms in the building to make sure that there's no problem, lights are all off, doors are closed, stoves are off and I check everything and will shut all doors and then return in the lobby and check everything from the lobby to make sure there's no problem.

Please describe the room in which you are mostly during your shift. Is there anything specific? What do you like about your room?

> I spend most of the shift time in the lobby except for the times that I go checking the building. I spend the major time in the lobby and the things that you can find in here are television, computer, CCTV monitors, and the tea-maker well among all of those I like the tea-maker the best because it keeps me awake and it is with me all the time and anytime I feel sleepy I drink tea and feel a bit more refreshed.

Name five objects you would consider important for you during the night and please describe why they are of importance for you.

> Five important tools for my job the most important tool could be the flash light because there might be power outages sometime and also when I turn off the lights in the building it is completely dark everywhere and I need to carry the flashlight everywhere with me. A little baton for protecting myself and the building and … the phone book with emergency numbers is with me in the lobby all the time on the table which does contain the emergency numbers like firefighting department and numbers like that. Also the managers cell phone numbers to call them just in case and a remote control of the main gate which opens with remote control only and finally again it is the tea-maker which I mentioned earlier tea-maker is really vital for me because it keeps me awake and helps me during the shift a lot.

Have there ever been any extraordinary incidents or events while you where on your night-shift? [They could be for instance bizarre, funny, exciting …]

> Bad incidents has never happened, thank God for that but there was once an interesting incident which I think it's worth saying here one night I was upstairs checking the floors to see if there is a light left on or a door left open when I was returning downstairs I turned all lights off then and everywhere was dark when I was going down I heard a little "khesh khesh" noise behind me I turned to look and I saw nothing there. I was a bit scared I felt worried wondering what that could be I continued climbing down the stairs and reached the corridor and I heard the "khesh khesh" noise is getting louder and I was totally scared then badly scared because it was dark ev-

erywhere I looked behind quickly and there was nothing there then I went a bit forward and started to run was so worried and started to run and reached the main hall and the lobby where there was light in there and saw that there is nobody behind me nobody is following me and…then when I returned back to the spot and had a look I saw that it was a length of thread sticking to a plastic bag and this bag was sticking to my shoe and when I was walking all that time it was following me dragging on the floor and that night I was laughing for almost an hour to this incident and the thing that made me scared that much.

What are you doing during your work? What's your duty? What are you doing to let the time pass more quickly?

I have already described my duties but while I'm doing my job during the night till morning time really don't pass quickly because everywhere is dark. Nothing you could see you feel stressed out and the situation is in a way that one has to be alarmed at all times while guarding when you are stressed out, time passes more slowly. I just wait till it's morning again I just wait and the only thing that I could do is waiting though I surf the internet sometimes listen to some music turn the TV on and watch some TV and things like this but night takes a long time. I actually remember the first days at work in the morning when I was going to return the shift to the next guard I was waiting for this fellow to arrive in the premisses and when I saw him I hugged him and greeted him warmly but nowadays I'm used to this situation and I can be more patient

Do you give any attention to the time during your shift? How and Why?

I do care about time I try to make the most of my time I read some other than TV and things like that. I try to use my time more efficiently; I actually have a plan to enroll for a computer course because I really like working with computers. I like to enroll for the course and to use the time I have here during the night more efficiently and to study computer lessons and get to the point that I want while I'm doing this job.

Where there moments during your work where you had fear?

Fear…well apart from that funny incident that I mentioned which I was scared and then laughed because of the plastic bag sticking to my shoe but other instances, sometimes when a cat jumps from a height or something falls on the ground it is generally scary but the case that I was really scared during the past…this one Charshanbe Suri feast night, fireworks and all usually people finish their feast and fireworks in the midnight but apparently some people carried on their firework and it was around 2, 2:30 in the night and I was sitting and everywhere was quiet and they throw some firecrackers. I was really scared because I was alone and this is an enclosed area here and they throw it behind the walls outside. It sounded really bad I was really shocked and after I realized what it was I had more control but anything else…not really.

Do you like the night?—Why is that? Do you feel comfortable being in the dark?

Night…yes I like nights because everything is quiet and you don't hear noises and the cars and machines everywhere is quiet I personally like quiet environment but I like to do things that I like during the quiet nights and not the guarding job.

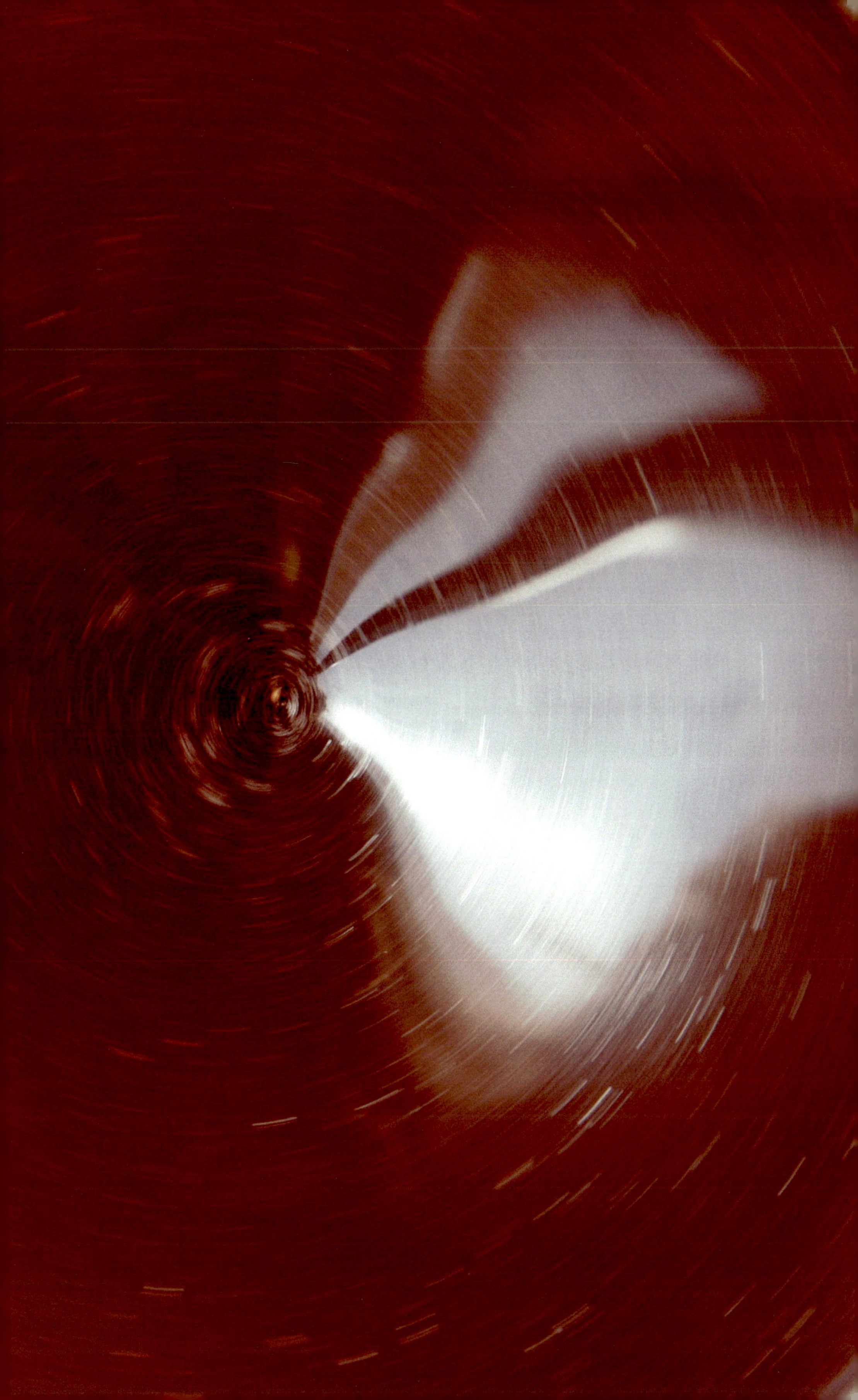

Raschid

Earlier, and everyone actually agrees about this, Raschid had a small, but very noticeable gap between his teeth. Although they had all become used to it, and that's why no one had mentioned it for years. On the contrary, many knew that Raschid could no longer demonstrate a gap. More precisely, he still had a gap, but it wasn't in the same place, maybe it was smaller or larger than before, at least not as noticeable as before, which everyone noticed and which led to quite a bit of gossip.

Raschid slowly walked in the night, in time and in space, then he was swallowed by the night. When the light went on the next day Raschid could be seen but the Raschid who had been swallowed by the night never came back.

Do you wear a uniform while you are working? Please describe the uniform. Could you please describe yourself, too?

> Our uniform as you can see is a navy blue pair of pants and light blue shirts nothing so special about it.

Describe yourself.

> My personality it's better to ask others describing me but what I know from me I have people's skill and can easily socialize with people I'm a bit sensetive and I really feel responsible at my job though this is not my favourite job at all but I do my job the best way I could.

That very night a call from an unknown number went
in to the office. The woman who spoke on the other
end wanted to talk to Raschid, but he wasn't there.
The woman reacted slightly concerned, dropping the
phone twice. Raschid's assistant offered to relay
the message. The disturbed woman left the following
message with the assistant: »Beware of the night,
Raschid, you fighter! Call me back.«
When Raschid called back the next day, she asked
three times who was there, which Raschid could only
respond to with: »It's me, Raschid!«
Then the woman once again dropped the phone in
alarm.

When Raschid looked at a photo from himself
that Anja had given him, he was startled, but didn't
show it.
When Kermet looked at a photo of himself that Esra
had given him, Kermet became very sad without
knowing why.

Imagine you could choose anywhere on the earth to work as a night guard and describe your expectations on this night shift. Any random place.

> Somewhere on an island. Any island. Somewhere where there's a little company. That's where I could spend the night shift, so to speak. It would give me a special sense and I would feel something interesting and new.

Excellent. Second question: describe a typical night during your shift and what usually happens.

> Well, almost everything is unique with us. Usually you notice that the Mosstroj [Moscow construction companies] start work around one thirty. The buddies start. On the rail side of things, cars roll by the entire night. That's why … the police often comes by. There's a dead end at our place—the dead end. The police often comes around. The boys chase each other around. Sometimes I've even shown where one of them was hiding. Otherwise the traffic already starts around five in the morning for us. The entry control soon, the gate soon. One after another. You know, that kind of thing

Can you describe the room you spend your night shift in and what you like about it.

> Don't like?

Like.

> Well you know I've been working here for more than 10 years [the eleventh year]. And our old Babushka — already five or six years. Well you just grow into it. I'm familiar with everything and at home with it. And sometimes I try to change something, to add something. Maybe a poster or perhaps a sign for New Year. Well, it's already become part of our life.

Can you list five objects that are important for you during your shift.

> Well first of all is the House of God, that is the entry to the House of God, all of the doors, gates, entryways. And in particular [attentiveness … concern] —I need the playground and the building of the 20th house. Some people

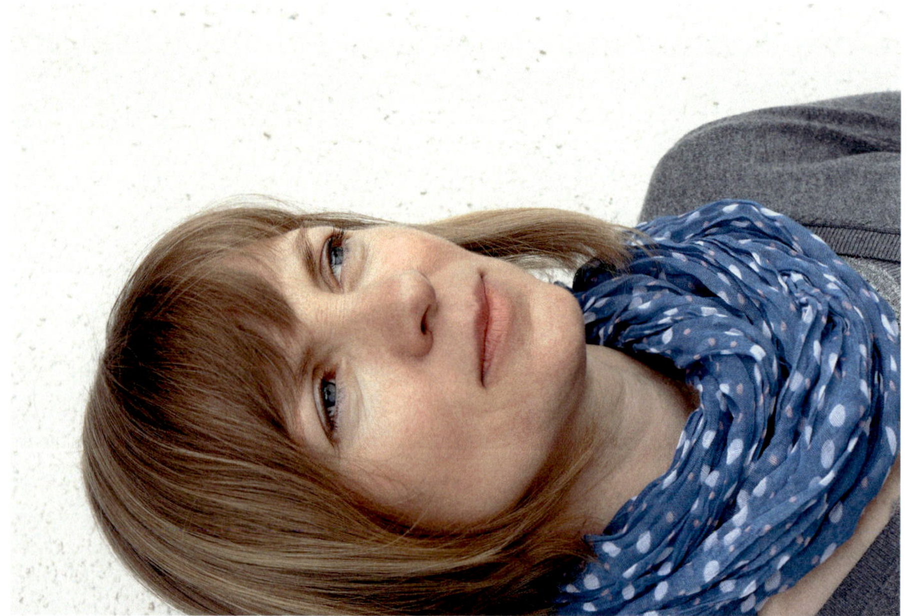

As a child Raschid, once carried a flag in front of himself, in blue, red and green. He waved the flag and watched the fabric move.

A long time after the otherwise uneventful incident in the night, Raschid moved to a different city.
Anja never saw Raschid again, and Raschid didn't see Anja either.

And everyone always has doubts.

sometimes go to the playground to drink beer, there are always some hoping to drink vodka. You're forced to scold and discuss [with them]. Overall— the scope of the entire grounds, all the gates and entryway to the 20th house [are important].

Were there any particular incidents during your shifts.
Yes.

Or unusual, strange or odd happenings?
Yes. Here, sometime before New Year's, when was that, I can't remember. Young gypsies stormed in [to the church]. Three. Hookers. Wearing pants. Sometimes things like that happen. And these were young, around 18 years old. And it was me, I noticed them. It wasn't my shift, I was only here. And I noticed that … we have a little box with collars [head coverings], they're worn here. Then she came [a girl] and took it [the head covering] so carelessly and threw it down. And I somehow noticed and started to watch them And you know, those are people … insolent without end, you understand … come into the church … [excitedly] and there … I saved a grandma's bag. There she [the girl] grabbed the bag [excitedly], she goes, you understand, completely brazen, and dips her hand into the bag, and I grabbed her by the hand. I grabbed her and led her out, and "pet" [beat] her. And there her pimp was standing. Well, that was an interesting experience. You know, no one had noticed anything. Everyone was busy. Normally people come to pray, relieve their souls. But this person came with the intention of stealing something. With me, you see, it's very professional. After eleven years I already know why a bum comes and what he wants.

Were there perhaps any other incidences?
Well they steal icons here. I caught a boy, already at the exit … of the … House of God. Right on the spot. With books from the church shop hidden under his arm. That's why there are lots of experiences here. It just looks that way. Whoever doesn't want to notice it doesn't. With us … with us even the guards … me, for instance, I love my work, I love it. Several come to work like this—getting to work at eight and at eight he's gone. You see, he's not interested in anything. He just comes, he can't even give a reasonable answer on the telephone. 'Not my business, it's not my business'. Then just stay at home! Now all of my …

Good. Excellent. Sixth question: what does your job consist of, the concrete tasks, and what
do you do so the time goes by faster. And do you even need to?
If I need my shift or ...?

No, no, something to shorten the time.
Something to shorten the time ... You know, I don't have any free time, me
personally. I'm always occupied with something. Now there's nothing that I
can sit down for and watch television. I can take an hours or a half an hour
time for myself in the morning to read the newspaper. The rest of the time is
for the church ... with us, the place isn't ideal in that sense ... that everything
here is behind the train station. People come to us, some with good intentions, and others with bad intentions. Every time someone has to keep an
eye on everything. Because some come into the cafeteria [or the church],
dirty and stinking ... they want it. Some try to climb through the window ...
[when they need to]. Those kinds of cases also exist. That's why shortening
the time ... for me personally, personally for me there's no notion of "shortening time." It runs by itself, sometimes the time is long and sometimes it
runs very fast, so that you didn't even notice that it's already morning. At
night it's a little more difficult, hard. During the day time goes fast.

Isn't necessary because it was "if you notice the time."
No.

Then the eighth question: have you ever felt fear during your shift?
You know, sometimes I've gone out to the playground in the evening and noticed a young man, he was standing there with a plastic bag on his head and
breathing. Now I understood that he was an addict. I came closer to him and
said: "Come on, get out of here." He pulled out a hunting knife and moved
boldly straight at me! Well, what can you say, I really ... man ... everyone is
afraid. You can tell everything fearlessly. No, fear can be caused in every person. That's why ... well, we fixed the situation afterwards, got a little stick,
and that's how we solved the situation.

So we solved the thing with fear. Ninth question: do you like the night and do you feel comfortable at night? You know, every time I think about the night ... I associate the word night with
my childhood, you understand. When we were little guys and the big boy
went to the disco. They took us along, little guys. It was also interesting for
us. And later, around 10 or 11 they already sent us home. And so we went
through the night and sometime we sand, or sometimes we yelled something. This night feeling—it was childhood. This set in this way [developed].
Of course now everything has change. I feel very calm at night. Normally,
when night comes, I associate it with my childhood, you understand. Now
everything is, of course ... my age, I'm already sixty. Everything has changed
somehow.

And the last question, the tenth: do you wear a uniform during work and if yes, describe it.
And describe yourself (in general).
Well, what about the uniform, uniform ... We wear what it is. We're not given
a special uniform. We wear what we have. How should I describe myself, I'm
sixty [grinning] years old. Size [grinning], one point eight meters. Weight
[laughing] ninety three kilo. Wife, children, grandchildren [laughs].

You know, that's probably it. It was very pleasant.
Thank you very much, for me too.

Raschid used to play football, but had torn the collateral ligament of his left ankle, and since then he easily twists his ankle and no longer plays.

Raschid occasionally cooked food for his sister, till she died. Raschid misses his sister dearly.

Raschid was born with the umbilical cord wrapped around his neck, cutting off the air. Although the doctors said that they couldn't say what effects that could have later on, no one noticed anything later.

It's a warm, gray, rainy Saturday morning. Someone who wasn't planned on. Someone who had resulted from a mistake. It's in the morning, Berlin, and I notice how I break out, how I look forward to the day. It's no longer May, as it was on that Saturday. Kristin is waiting in Prenzlauer Berg. Vito jumps in the car, sensing that there's an outing ahead. Does he sense that? Can he sense that? In case an animal psychologist or a behavioral researcher for dogs reads these lines, and perhaps this book, because it's a book, whether I like it or not…

(actually I don't like that, actually it should only have the form of a book, the formation of a book, the deformation of a book. Joachim is helpful with his consistency and his ability to communicate that it's also about the readers and was able to disavow me of the idea that it's not completely meaningless)…

holding it in your hands, so I ask him or her to write me, and tell me if Vito could sense that there's an outing. Surely he can read signs and interpret my body language and possibly combine those things on the basis of time. I love him greatly and am glad to find him on these pages. Back to May. The evening before I stood in front of a gallery in Kreuzberg and was already feeling the good Veltliner, they were Austrian artists who were exhibiting and had invited us. Björn, who told us there that he'd become a father soon, and over the course of the evening, witnessed by Milena, Jonas, and Micha, I charmed him into saying that I'd be the godfather, was beside myself when I thought of calling Jelena. Jelena Boldt. That name was the reason why I thought of going to Rostock the next day, a Saturday in May. Without her the interview from Moscow, for which I had the file with the title *Interview Night Guard (Greetings from Moscow)* wouldn't have been translated so charmingly and richly. Now I wanted to go to Rostock because of that name, and get a portrait of Jelena for this book, as a kind of compensation that I had forgotten to list her name in the closing credits of my film in the first few months in was shown. After initially reaching her son Stefan, my old flat-mate, a highly intelligent person who seemed youthful but still feeble, I asked him if it would be acceptable to

Anja follows Raschid, she lets her index finger run along the house wall.

Raschid lies at the dried-out lake for nights on end and waits. Maybe for the water. Anja lies behind a dune and had forgotten Raschid after a couple hours, then she waits for something else.

Anja lies behind the dune and lets her thoughts flow. Although they wander to Raschid, they also go to her childhood. She remembered a night at the lake, when the lake still had water. They were here with their father, and they were alone.

Anja remembered the night in which the soles of her shoes were so threadbare that they should have turned back home, but

Anja, a small, very pretty woman from Sharan Nasran, had been watching Raschid for years.
 At first Anja only dreamed of having Raschid suddenly standing behind her, would wrap his arms around her, and slowly push his hand into her crotch.
(She awoke when Raschid arrived there)

Anja remembers the moon, when it was still worth being watched by Anja.

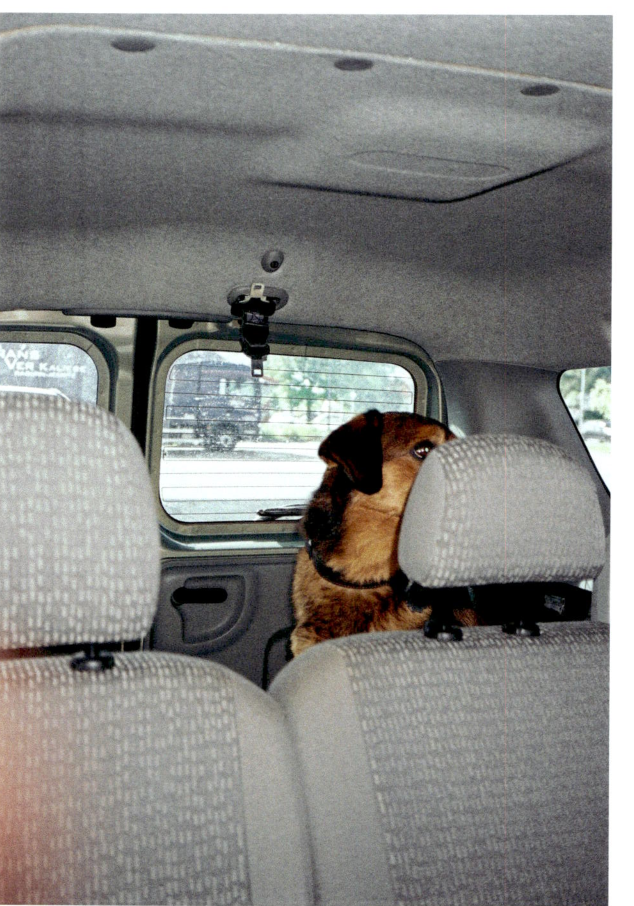

call his mother on a warm Friday
in May around ten in the evening.
After his okay and several busy
signals, Björn answered, but not
the one in front of the gallery.
A short time later, Jelena. That I
didn't have to do it, that it would be
completely okay. No, that it wasn't
necessary to take a picture. Sure,
it'd be okay. I sensed the effects of
the Veltliner and Björn topped me
off, but it didn't have to be. It
became increasingly necessary. I
reached Kristin Krause a little later
and met her on a gray, rainy
Saturday morning. The goal was
Rostock, having another, a portrait
of Jelena. The way there, also a goal.
Björn and I haven't talked about
becoming a godfather as openly
as on that Friday in May, when the
Veltliner was doing us good.

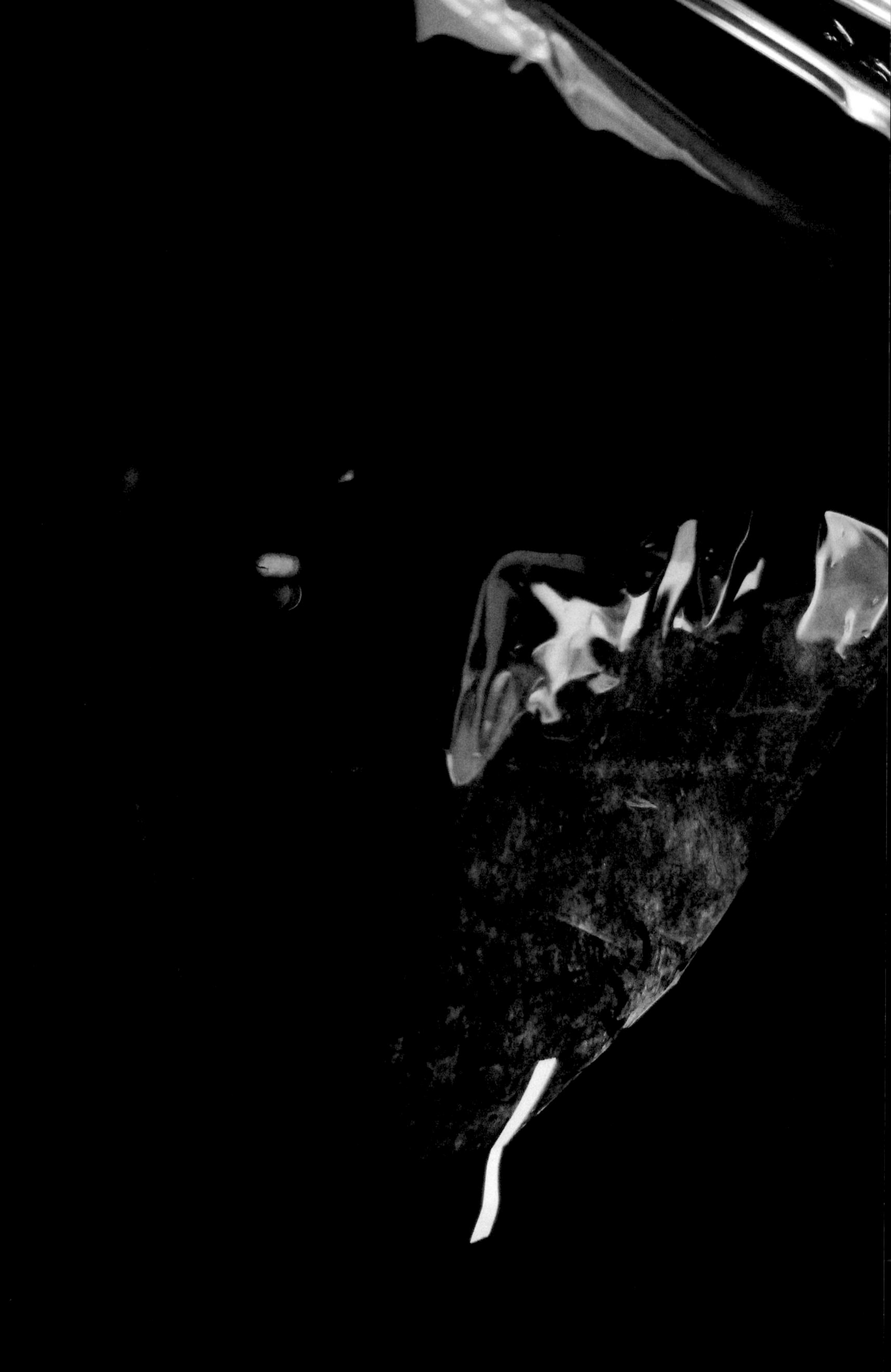

Hello, I'd say we'll just start.
    Yeah, sure, let's start. The night doesn't last forever—luckily enough.

I'm asking myself how it must be when you look out of your little cabin: it's dark, you're alone … do you sometimes imagine being somewhere else? Working somewhere else? What would it be if you could choose where to work?
    You mean here in Tirana?

Yes, for example, but also seen globally, if you could pick a country, a place where you could work. How would that be?
    I've only been to Germany once, visiting my uncle. I actually really liked it there but he lived out in the country near Stuttgart, that would be too boring and quiet for me. I like Tirana, it's a good city. Maybe not. Sure, it's loud, but the city and the people know how to like. There's a lot of construction and there's always new things being built. Sure, I can only see the entirety from the outside, but I wouldn't mind having a new house like that.

So you're satisfied in Tirana?
    Yes, my wife and I are happy here. We drove through Italy when we visited my uncle in Germany. We didn't like it so well there. I've also been in the US through movies and television series, of course I wasn't there myself—but people say that it's a good country.

What does a night with you look like?
    You mean when I'm working? [laughs]

Precisely, so what does your "night work" look like?
    I make myself a strong black tea, just like I like it, while my colleagues from the last day shift are there. Then we all talk and joke with each other. Then, when the boys are gone, I do my first rounds, and look if everything is in its-place. As you can see, the property is fairly large. I can't have an overview of the entire material but it's also not my task because I don't know what is sold or picked up during the day. At the beginning of the night I always resolve to leave this place as I found it …

Wait a moment, what do you mean by that?
    Well then I'm quickly aware that I'm completely alone. The others are long gone, as if they had fled. Maybe they've also fled the night—that's how I pic-ture it, as if they've fled and are nowhere to be seen [laughs]. At any rate, my task is to stay here, regardless what happens. They've disappeared, but I'm still here. And then it's my task to defend this place so I can hand it over the next day, just like I found it. Yes, that's what it's about, night for night.

Were you ever afraid when you were alone?
    [laughs] Well, I'm always alone here—I'm not allowed to be afraid, otherwise I would be the wrong person for this job. I also try to teach that to my two boys.

Anja sits in a full train and it is very cold. She only sits
in the train because Raschid is supposedly also sitting
in the train, she senses it. And when through the
window of the departing train, Anja sees Raschid on
the platform, standing in the snow on the coldest day
of the year, Anja is very upset. For a moment their
eyes meet.

What exactly do you try to teach them?
> That it's not bad to be alone. It's bad to be lonely, but not to be alone. You know, in the darkness you learn so much about yourself and about life. For example, what is time at all? What does it mean? I also can't tell you. The clock or the alarm, they try to trick you into thinking they know, but no, those are false images. The only truth is here and here [points to head and heart], even when it comes to time. Time is a feeling, and that can always change. It doesn't work synchronized. You can pack time into units, but that only serves communication, nothing more.

Do you sometimes come too late to work because of your view on time?
> No, no, like I said: time is important for communication, for society and for the economy, time is important for me as a worker. For me as a person, time is unimportant—but time in life is important, in contrast.

Do you actually read during your work?
> Not officially [laughs]. But there are moments. A couple years ago my mother gave me a book by Mimoza Ahmeti—maybe you know her? It's poems, lots of poems. They make me think and I don't get tired of reading them.

Did you ever have strange experiences in a night?
> Yes, I've had them frequently. But I forget much of it frequently, and some of it hangs around here, and burns itself in.

Do you want to or can you tell about it?
> There was this one night I thought I was being called by Nëna Shqipëri [mother Albania]. I know that it must sound crazy but she's not far away. It was summer and it became light. I had the feeling that a voice were speaking to me. At the time I was very concerned about my father, I don't know, it was like a dream, maybe it was just the birds, and I was really crazy [laughs].

What did you the voice say?
> I've only told my father that, he died a month later, but I sat next to him and I could show him respect again.

That sounds fantastic, almost like a story, like a beautiful story.
> All of life is only made up of stories, but that's why we're here on this earth.

Do you think that this experience also could have happened to you during the day?
> I don't know, but perhaps not. During the night you listen to the signs of the surroundings, and to the birds [laughs]. During the day there's so much noise everywhere, even inside people. You see it in the faces of people on the

ABOUT SÜLLBERG

The gray peak of Süllberg can be seen from the sea, when the clouds don't hang too low, which is never. A rivulet, which is a river, is nestled on Süllberg, and slowly eats its way through the stone, the loam, in which the wooden huts we live in are rammed. From the sea these huts look like lances, sticking out of the ground as if they towering into the sky, in the thick bellies live we, which is us.

street. When I go home in the morning I'm always completely calm. Sure, I'm also tired. But to me, the faces of many people seem to display an inner terror. Then I'm happy to see my boys again. You know, they're still young, they don't have it yet. They look forward to the day, even school. People lose it over the course of a life. I don't know why. You know my life is simple—I'm satisfied. Actually with everything. With my family, with myself and with my work. I have the night for myself.

Ok, coming to something else. Can you describe what you look like when you're at work?

I always look normal. I don't wear a uniform, I'm no longer in the army. Right now I'm wearing a jacket and a sweater. There's nothing else interesting about it. The jacket is dark blue, the sweater is brown, my mother knitted it for me two years ago. The nights are getting colder again, which it why I really enjoy wearing it—it keeps me warm.

What does your room look like?

Well it's not just my room, during the day there are also colleagues here. Here I have my little table, a little lamp. What else? A coffee machine, but only the day colleagues during the day need that. I once took a plant here, but it's not doing so well. When you make a sound in this room, then you feel it and hear it everywhere in this room, it always echoes a little, but that doesn't disturb me because there's not many noises. Well it's not just my room, during the day there are also colleagues here. Here I have my little table, a little lamp. What else? A coffee machine, but only the day colleagues during the day need that. I once took a plant here, but it's not doing so well. When you make a sound in this room, then you feel it and hear it everywhere in this room, it always echoes a little, but that doesn't disturb me because there's not many noises.

We're satisfied with the bread that appears to grow on
Süllberg, we cut into the loaves with wooden swords
and take big bites, from the flat loaves that are bread,
we also bring olives and pastries, we drink grape
juice after the battles.

We lie in wait and fly over the peak to keep things in
view.

When the fires have gone out, then we begin our
rounds, swords in our belts and soot on our faces,
which are sooty. We beat the insects on our necks dead
and drag our heels while walking.

When the sun goes down the whitecaps are reflected in
the black water, the water swallows the light (and
also the reflection of it), we won't negotiate! We don't
take hostages! We take gulps, a sea in one gulp!

We, which is also Achim, the treasurer with a seat
under the weeping willow. Achim counts in the sand
with a stick and divides our beads in equal piles,
which are never exactly the same but fair.
There's a percent for every sword, Kai carries a
wooden two-hander.

Are you also sometimes on the move outside your room? For example in the warehouse?
    Yes, then I lock my room, and go through the warehouse, and look around a bit. But
    I can actually be sure that no one is there, because there's just this one exit and it is
    directly next to my room. Everyone who wants to go in or out has to go past me.

Does that mean that you never sleep during the night?
    I'm always awake. That's what I get paid for. I can sleep during the day. By
    now, I no longer need so many hours of sleep. I also only sleep when my
    family isn't there.

What does your day look like?

> I come home and see my kids and my wife. I take care if the kids while she gets ready for work. She works in an office in the city. Then, when they're gone, I listen to the radio, and at some point I lie down. Then I get up again in the early afternoon. But it's also happened that my kids woke me up. They know that they can wake me. Because I don't want to miss anything. My wife frequently goes to the market after work, but sometimes I also do it. Then we eat together, and then I go back to work.

Do you actually like the night?

> As I already said, I like being alone, and not have to tolerate people around me being in a bad mood. I like the calm of the night, the possibility to think about many things, I like to open the window in the early morning hours, to stand up and smoke a cigarette. Then I talk to the bird sometimes. If someone would watch me, they would think that I'm crazy, maybe we all are. Just not the birds, not them. [laughs].

Ok, Thanks. Can you describe yourself briefly? The artist doesn't see an image of you.

> I have a beard and my wife says that it is slowly going gray—and I'm just 38. I'm a little taller than most people here, and I'm still just as slim as I was in the army. I'm sorry, but I can't say any more.

Thank you very much, that is all very good. I wish you a good night and nice conversations with the birds.   Thanks, same to you [laugh].

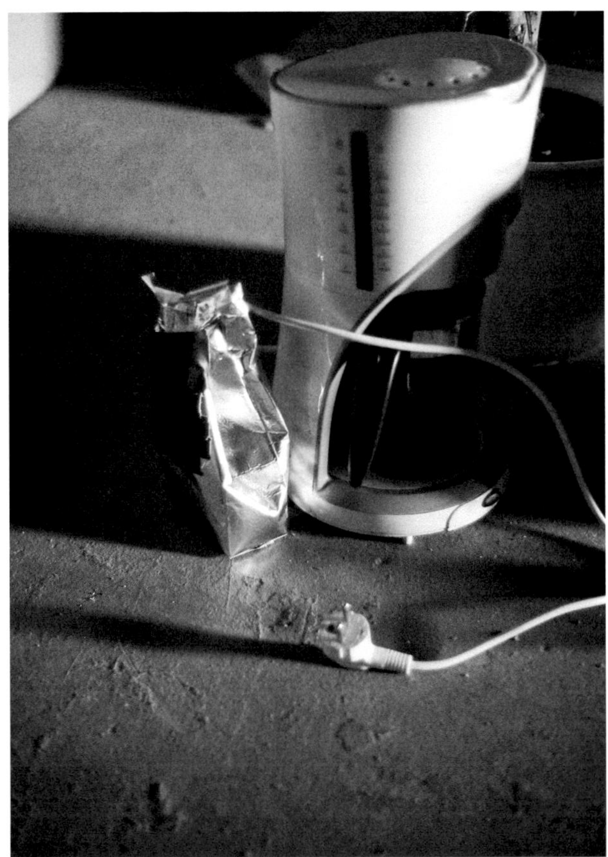

This stream is one that emerges very late, and forms more of a rivulet, not a river, but it's still deep under the water line, and has nothing to down with calm waters. Seems more like a riverbed made vertical.

Which place on earth could you picture yourself working nights?
Paris. It's actually a difficult question, but I'd say Paris.

Why?
Why? Because I have a friend there and I've heard a lot of good things about that city. Bad things too, but it's supposed to be very beautiful, with lots of people from here.

What do you like about the place you're in, about Yaoundè?
It's the love of the city that I have. I like working outside. With a view of the city and the sounds of the city. It's the end of September, not too warm and not too cold, and very pleasant. At night it's calm and you have the impression that you have the city for yourself, you have a good overview of it. You have the impression the city belongs to you. I like Yaoundè. It has to be a cosmopolitan city because I'm cosmopolitan person. I feel comfortable in all big cities.

What do you do exactly? Can you describe it briefly?
I keep watch over this warehouse here. I do my round, I'm alone, but the property is surrounded by a fence so that I actually am always alone. I only hear the city and the close surrounding. So I arrive, get a sheet of paper, and give this to my colleagues from the day shift. Then I start my rounds. I smoke cigarettes while doing so, and circle the buildings. I also have a little hut with a chair. The hut has a small window. I don't have a desk. There wouldn't be any space for it [laughs]. In and of itself, I don't do anything special. I just have to spend time. I read, I spend time. I'm not allowed to sleep. The area surrounding the warehouse is my realm, no one is allowed inside until my colleague arrives. I also have a second job. Sometimes, when I'm needed there, my brother-in-law takes over the warehouse, and I go to the hospital and watch over the ill people.

Ill people?
Yes, patients in the psychiatric ward of the hospital. At my job in the ward, which is very well paid, I watch over patients at night. Usually these are people on suicide watch, who have to be watched around the clock for 4–5 days. I usually come around 8 pm, but the patients are already asleep. And if I go around at six in the morning, then they're still asleep. You can do anything, just not the room. I'm always afraid then. That something won't happen if I don't watch out, that they'll kill themselves or do something to themselves. I watch the patients for ten hours while they sleep. You usually don't know the patients, you don't know how they're wired. You only see them sleeping. If you're lucky and usually you are, the patients sleep, because they're on sedatives. Yes, but I always think to myself, what would happen if he wakes up and has a crisis, what should I do then? I'm not even trained for that. What happens if he becomes violent? I'm with very diverse patients, but the rooms look like in a hospital. It is part of the hospital, after all. You have a chair. You can eat. They even offer me a bed, although I don't even know why. But I'm tremendously afraid there. It's very well paid. I'm always on call for that job. Considering I can just sit there and watch people sleep, it's very well paid. Good, easy money. Till it gets dangerous.

Is there anything you don't like about the rooms?
I don't like anything about those rooms in the psychiatric ward. Sorry, I'm radical about that, but I don't like anything about that. I think the warehouse is very nice. There everything is perfect, because I'm outdoors.

Do you have five objects that you absolutely need for your jobs at night?

> Five objects? [he laughs]…Newspapers are very important. I take four or five papers along to read every night. I call it propaganda, it's good. I read everything. Because at that moment I just have to spend the time. [he sings *"which objects still…?"*]…I don't actually need more. Ok, the chair is important, and my tea. I can't come up to five objects. The camera in the warehouse. Camera supervision. If you get sleepy you have to watchout that the camera doesn't catch you. The camera watches over you and you can't sleep. Then I always take my tea along. I don't need anything else. In the evenings I hear drunk people in front of the gate instead. But I don't drink alcohol, thank God. Yes, those are all things that you don't have to think about too much.

Have ever been afraid or are you ever afraid?

> Let me think for a second. You are mostly in the warehouse and getting in there at night is very difficult…Nothing happens except petty theft. But in the psychiatric ward, you're in there alone with patients and with God. I can't remember ever being afraid. I was afraid once outside, in front of the warehouse. But by now I enjoy being alone, even in the darkness. Nothing can happen. But in the psychiatric ward I'm always afraid. Depending on what he got or depending on what his story was.

Do you wear scrubs?

> No, I'm in street clothes and I have my badge.

Do you also have a flashlight and baton?

> No, it's fairly safe. It's safe. One time I heard something. I don't know if I'm allowed to say thing. In the end it's only about insurance. Some people have jewelry and it's primarily about the insurance. By now I'm a night person. By now I can't do things during the day anymore, which is why I don't like day very much. I feel comfortable starting around 4 o'clock, and then I understand the world. Starting around 4 o'clock I understand the world. Before then I don't know what people are actually doing or what you have to do. I'm bored when I'm at home during the day. I work around ten nights per month. I work about ten days, but then the twenty days fuck you over. A third of the time I live like other people and then at some point I become a night person again. I always work from ten at night to eight in the morning. I believe everyone is active around 16 hours. When I come home I'm awake till 12 or 1, and then I sometimes find time to cook, like I said, but sometimes not. I sleep from 1 to 9 in the evening. I'm simply there. I'm simply present. I only pay attention that everything stays the way it was.

A blurry image. A conspiratorial picture with five different telephones.
While far below the street noise in the heat from the fumes of the continent dissolve, we have to speak quietly. In the past a family member was poisoned at an official meal. We have to speak quietly. The high-life in Tokyo and Washington is over. There is no more contact with the family and the telephone call is over. Which device to try now, with number?
A new attempt, the connection – rather poor, he's stepped out again, even fascists, just like the left-wing. The psychiatry room smokes, the country smokes, the continent smokes, there is intelligent analysis. He doesn't smoke, he's distant and cools off and actually can't do anything because the madman sleeps in front of him and shouldn't wake up. Because how would he would react, if he wouldn't see the fumes?

We, which is also Kai, who gets a percent for a black
ribbon around his head. We follow the black cloth
like a flag that tries to flee ahead of us on a lance,
flapping cloth, Kai, our lance. The medals of fine dirt
and grass flowers dance on his chest.
Kai is taller than us, one percent per centimeter.

A rivulet, which is a river, divides Süllberg into two
islands on the high seas. The passage requires a toll
and we stand guard on the shore, we stand guard.
And on a screen, which is stretched across a tree (that
is a branch), on a branch (that is a twig), there is a
catalogue of fees written in blood, which is red paint,
which is jam, a separately listed price for everything.
(Of course we don't know which contingencies are
contained by everything, but the writing is in a secret
code we can't read and that way we can decide case
by case.)

Our statutes are those of Süllberg, violating them
is punishable. It is always right. Or it is always wrong.
Arno judges like there's no tomorrow.

Can you describe yourself?
Oh no. What should I say? It's better to stay silent. My name is André, mid-thir-
ties. From Cameroon, west coast. I don't want to say any more, is that okay?

Imagine you could choose any place in the world to spend one night as a night guard. Where would this place be? And what expectations would you have for it?

I don't even know … I'm an Elvis fan, so I'd probably go to Graceland [laughs]. The probably wouldn't want me there because I'd take everything … that wouldn't be so good as a night guard.

… in Graceland? Yes. I'd pack up all the souvenirs and take them home.

Were you already there once?

Once … that was nice. I'd like to go back. No, I wouldn't have anything against working there, it'd be great!

Okay. Please describe your job here. A random night shift, from beginning to end …

I check all the buildings on campus and make sure that everything is locked and safe, and in the morning I unlock the buildings for class … it's not too much [laughs].

Okay. Please describe the room in which you spend the majority of your time at work. Does it have any particularities? Is it …

… oh, I don't work inside.

Okay.   I go from building to building. I wish I could sit all night in one room but I can't.

So it's part of your job to go from building to building, all night long?

Oh yes, we go from building to building. So we're fairly busy all night long.

Can you list five things that are important for you at night? Regardless. Things you have along, things on campus …

My walky-talky, at any rate, so I can contact headquarters, and can contact ??? if needed. My phone, in case I need it. My flashlight. My keys, to get into the buildings … and my car.

Okay. And did anything unusual happen during your night shifts?

No. It's quiet here.

There was never something funny, strange or unusual that happened?

Not really ??? [2:52]. We tell people that it's time to go. Other than that, nothing happens here [3:00]. That's why I like working nights. It's quiet, no one annoys me …

That means you hardly see any other people while you're at work?

Not really [laughs].

You already touched on it briefly: what do you do at work exactly? What are your tasks made up of? What are the routines? And what do you do to make the time go by faster?

At any rate it takes some time to go through the buildings. Check that everything is locked. Make sure that the smoke detectors are working. Check that the fire extinguishers weren't used by anyone. Lots of small stuff in the buildings … looking for leaks and thing like that. If you go over the campus alone, then it takes four hours without a break till you've checked everything. That's already half the time.

Because you have eight hour shifts?

Yes, eight hours.

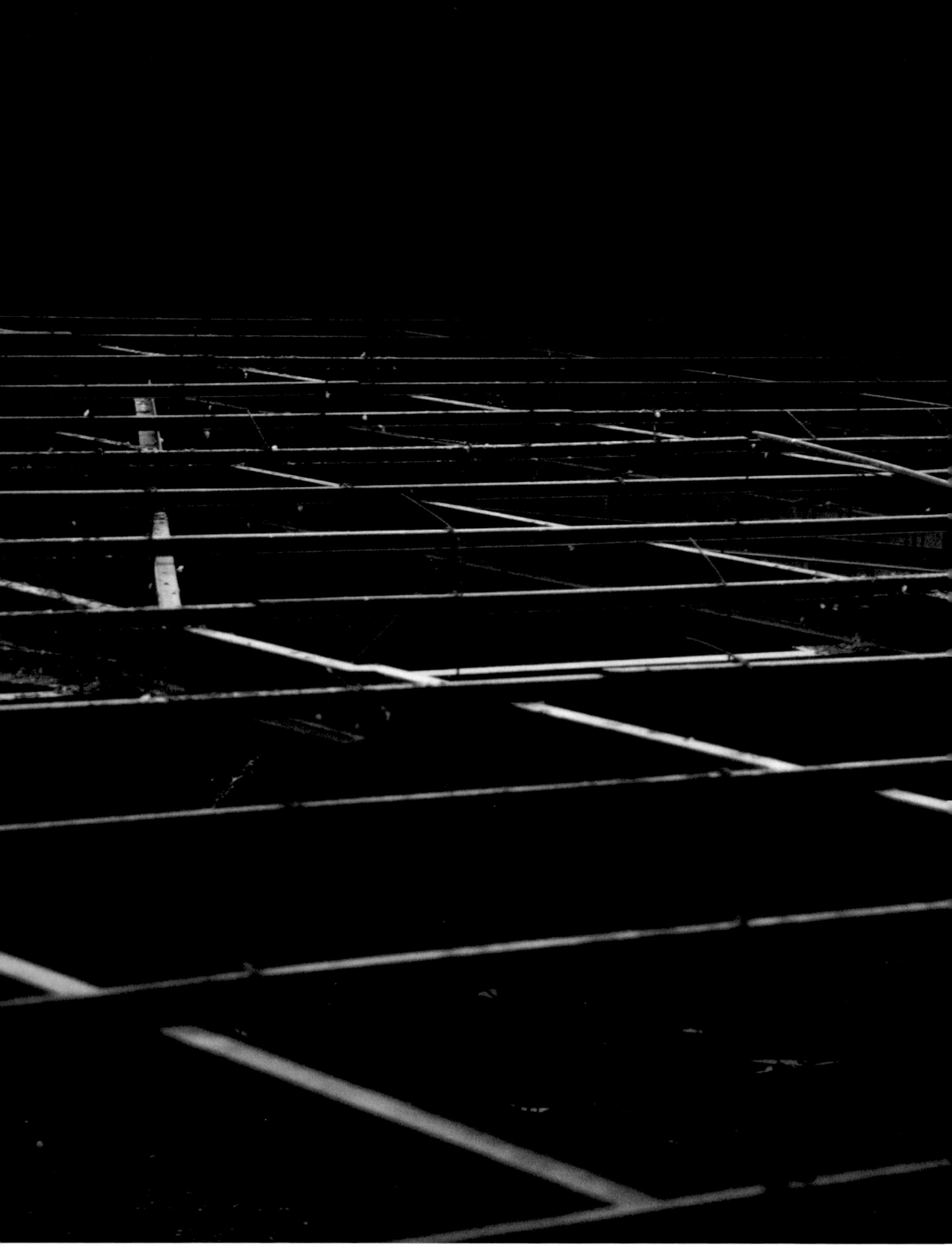

I sit inside by myself, in my
thoughts, on the monitor that
was laid in my lap, heavy as lead,
and look and see the hybrid from
which I enjoy speaking about and
don't know what it is, that bastard.
Suddenly a voice whispers in my
ear, it must be the gaffer, friendly
as ever, well certainly, he says or
writes or dictates:
"Night inside. The night guard sits
and waits and whispers while he
looks out the window.
Inside night, outside dark.

While the night guard whispers,
everyone waits, excited and
industrious, if something will
change. Darkness plays before the
window, inside light plays bright
and the night guard, who watches
everything that plays before the
window. And everyone else.

Darkness is relative. When the
door opens it is daytime, outside
the mask, before the chamber, now
inside.

When the light goes on and the door
opens, the night guard goes out,
everyone else does something
inside, but might not finish.
When it's enough, the night guard
comes in the chamber and the light
goes out –
inside is now outside again.

The night is a game, reality is day,
sometimes the door remains open
a crack,
then one hears the day and sees
some light before the hall.
When the door is closed, the night
stays while everyone waits.
For the night guard. Or for the
camera.

Light goes on, but the door stays
closed, just to say something quick.
Now everyone waits for the light,
everyone is finished, but the night
guard still speaks.

Light off. And further, wait further,
till finished.
Then go, we walk, wait. Good. Very
good or good enough?

– door open, day outside, night
over."

The statutes of Süllberg are simple but they are secret.

To that mean you do two of those rounds?

> Normally just one. Because when classes are in session it's usually to unlock the buildings after the inspection rounds. And when I'm done with that my shift is almost already over. Then I see off-campus students slowly filling the parking lots. That's nice.

Okay. What role does time play for you during your job? If it does, to which extent? For example, is there a specific task where you have to keep the time in mind? Do you look at the clock, hoping to go home soon?

> [laughs] No, I try not to look at the clock. We used to write down when we went to which building, time was important then. But aside from things like that, I don't pay such close attention to time because then it goes by slower. If I don't pay attention to it, then it goes faster. So I hardly look at the clock.

And have you ever become frightened at work because something scary happened?

> No. Seriously! Even if people say ghosts hang out here, it doesn't bother me.

So you haven't had any experiences with these ghosts?

> No. By the way, this is one of the buildings they say is haunted. But I feel comfortable here. I have no clue why people are afraid. I'm never afraid.

Do you have colleagues who get scared?

> Oh sure. There's several stories … things they think they've seen or heard. I've never heard or seen anything. And I've been here for nearly twelve years. Maybe the others are lying to me, I don't know. At any rate, I've never seen any ghosts. And I feel absolutely safe here.

Do you like the night? You work at night, which isn't very usual. Most people work during the day. And if you like the night, why?

> It's very quiet, no one bothers you. I've also done day shifts for six years, an and then they put me on nights because they need a second person for this shift. It takes a little time to adjust your sleeping rhythm … but it's really nice and quiet, different than during the day. I really like my night shifts. If I would be asked to work days again I'd say: I'm staying with my night shifts. I like them. They're pleasantly peaceful.

So you feel comfortable in the dark?

> Sure, as long as there's nothing that could harm me [laughs]. No, nothing's actually there. And besides, here it's fairly well lit. And I also have my flashlight, just in case. I don't mind the darkness.

Okay. Because this is an audio recording, could you please describe your uniform? What does it look like?

> Well the pants look like army pants, like ??? [08:21] they wear, and the shirt is a normal short with buttons. Mine is white because I'm a supervisor. The others are gray. These bars mean that I'm a Lieutenant. Then there's the bomber jacket and the ??? [bench? [08:44]] … That's about it.

So the bars mean you have something like ranks? A kind of seniority principle?

> Yes, we've just started that, about a month ago. [??? 09:02]. And the supervisors now wear the gray shirts and the Lieutenant bars.

Could you describe the ranking system a little? What are the positions and what do you have to do to be promoted?

        Well at the top is the???[09:20] Supervisor, under him is the Major, und then there are three Lieutenants, which I belong to. I think they promoted me because I've been around for so long, because I do a good job, and because they can trust me. That's why they made me a supervisor, which I was pleased about. [???09:44].

So supervising other people is part of your job?

        Yes, but only once per shift.

How many other people do you work with during your shift and what does the distribution of tasks look like? Today I'm working with someone else. Sometimes there are three of us here at night. Yes, and the others just come to me when they have a problem … Usually it's the new people. So I lead them around and show them what all there is to do on campus. And then they usually do their own thing [10:18]. And when they have a problem then I have to take care of it. That's why I'm happy, of course, that we rarely have problems in general.

Okay. Could you describe yourself briefly for the audio recording? What do you look like and what kind of person are you?

        I'm very shy [laughs]! I case you didn't notice that already. I've already spent my whole life in ??? [10:49]. I also went to school here for a while … and I just like what I like. Security work is great! I wouldn't trade it for anything.

So you grew up around here?

        In the ???[11:05] area.

Correspondingly, you've always lived here, in ???

        Yes.

Could you tell me again how long you've been working here as a night guard, and what brought you to this relatively unusual job?

        Well I've been working here for almost twelve years. My step-mother, who also works on the college campus, told me about the job offer. And then I went to training and got the position. And I've been here ever since.

Was that directly after school?

        Sometime later. I hadn't been in school for five or six years, because I've been working here since 2002, and I finished school … 89/90. So it was quite a while after school [laughs] … And then the job offer came along. And because I'd always wanted to have a job like that I applied … and they must like me, otherwise they wouldn't keep me [laughs]. They say I do a good job.

You say that you always wanted to have a job like this?

        Yes, something in the field of security.

How did you become aware of that? Did you already know security people? How did you know that you wanted to work in the area of security?

        Even as a child I wanted to become a police officer. Then I worked at a supermarket. There I got to know several police officers and security workers in person / in plain clothes. And then I thought to myself, I want to do that myself … And then the job offer came along. I read it over and applied … I like what I do. It's the best job I ever had.

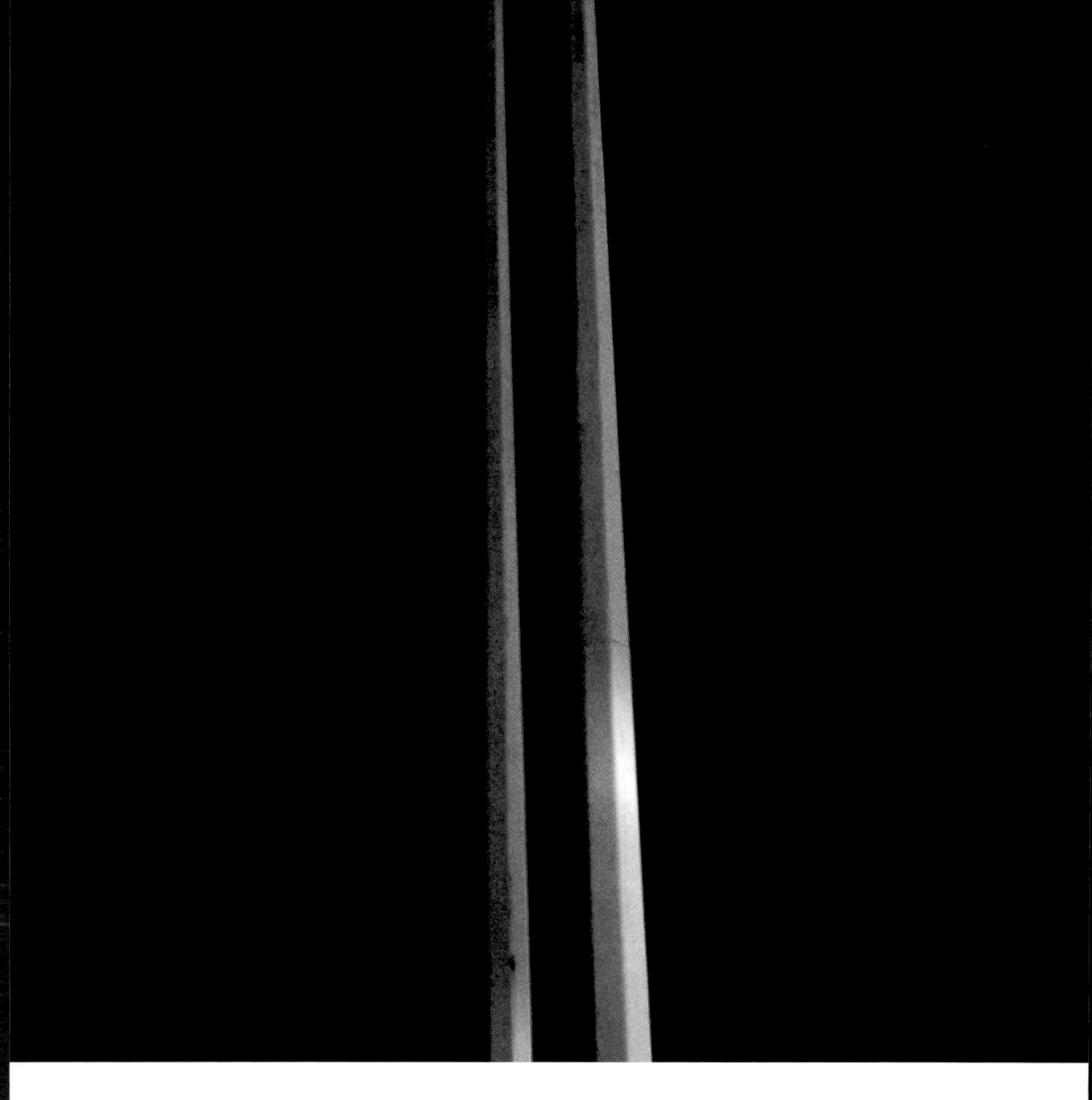

We, which is also Arno, who doesn't receive any percent. But Arno holds the highest point of Süllberg.

Richard has East German precision in his activity as translator.
Olivia has American casualness in her activity as a person.
Richard will ask himself what the point of this is in this book.
Olivia will laugh about it, just like she laughed during the recording of the Interview.
Richard was as accurate with his questions in the text as John Wayne in a Western classic.
Olivia was still with Moira at the time.

Arno sits way at the top and decides the verdict.
Winston doles out, with benevolence, the verdict on
creatures and half-creatures of the sea, as well as land
frogs, which count as half-creatures of the sea because
of their glistening skin.
Tibu carries on the verdict for land creatures.
Creatures of the air naturally don't violate the statutes
of Süllberg.
We also don't violate the statutes. (Except once).

The sentence for the person whose name we no
longer mention, whose steps no longer leave traces
on Süllberg, who is missing feet, legs, backside, and
above all the head, the sentence for that person was
forgotten. (And the distribution of his percent.)
We don't see him, we don't hear him, we only touch
him with balled fists or the pressure of our wooden
swords. His sentence is the invisible sign of the
betrayer on the forehead, Süllberg never forgives!
One of us never violated a statute, but if there had
been someone, then it was Elli, whose name we had
forgotten and who hadn't been one of us anyway.

And we are the adjutants of Süllberg, its servants
in spirit and form, we do not rule over nature,
Süllberg allows us to be near, we are guardians and
custodians, children and elderly, horsemen and
aviators.

If we could remember Elli, he, who is a she, would
smell of mud, and her pants would smell of moss.
If she had a place with us, then she would get seven
percent, she wouldn't wash her hair and whittle a
wooden dagger of soft birch with a wooden dagger
made of heavy chestnut. (She chewed on a stalk
of lemongrass, so you couldn't stand to look at it
because it would taste if you'd look at it.)

She would violate us.

Are there things about your job that you don't like?

> Not much. It's sometimes a little hectic here during the day. The summer term starts soon, it'll get frantic. But it's great again when everything has settled down. Then everything runs like normal.

Why exactly does it get hectic between the semesters? Because things change?

> There are a lot of new students who were never here before, who don't know where they need to go … those kinds of things. Sometimes they also act strange … Those are exactly the reasons why I prefer to work at night. You don't have those kinds of problems.

So you say you like working night shifts because it's quiet and also because you've described yourself as shy. Would you say you generally try to avoid contact with people?

> No, not at all. I get along very well with people. I'm just shy. But I get along with everyone here. With the members of the faculty and also have a good relationship with most of the students I'm involved with.

Okay. You say you already at an early had a series of similar jobs in your head that came into question. Was there a certain training that prepared you for your job?

> No, I only had the basic training over in the office. And then a training workshop once in a while. For example, tomorrow we're doing resuscitation practice. With a certificate like that we can really help out when something would happen. That's why it's also important to practice from time to time [15:05]. It's definitely helpful. Not only for us, but also for the college, because if something happens, then we can help.

Have you ever witnessed a medical emergency during one of your night shifts here?

> No. But when I did day shifts there seizures occasionally … with handicapped students. But during the day there's also paramedics around, and then they're also on the scene relatively quickly … Not too frequently, and usually because of seizures. That's actually everything.

And how would you describe your communication with other people? Surely there are some people you seen very frequently … whenever you make your rounds. Are there people here at the college you know well or that you talk to frequently?

> ??? [16:23] … come around midnight. But that's it. And they're gone again after an hour. So I probably don't encounter anyone here … But when I come in contact with someone, then I talk to them. I get along with everyone. Normally I don't have any problems with people.

And what do you think about while you work? You say you have about a four-hour routine. Do you think about all sorts of things then? Or do you concentrate on your work? What goes through your head?

> Actually nothing [laughs]. I just concentrate on my work and take care of my job … And then in the morning I get ready to go home … And I take care of everything that comes along.

Do you have colleagues you work together with on the night shift? Does everyone have a different zone they're responsible for? Or do you also work directly with other night guards?

> No, we divide up and go seperately through the buildings. It doesn't occur very often that we go together. Unless someone's being shown the ropes. Then we go through the builings together. But normally we're alone.

She would sing on the shores of the creatures of the
sea and sleep in front of the tents, she would swim
in the warm waters of the source, she would hang
her threadbare clothes from a pine. Brimstone rises
above the source, it always does, the brimstone.
Under the surface of the water, which is opaque and
calm, she'd hold my hand.
Under the surface of the water she'd hold Achim's
hand.
Under the surface of the water she wouldn't hold
Kai's or Tibu's hand.
Above the surface of the water she wouldn't hold any
hands.

Earlier you referred to ghosts that supposedly haunt this campus. And there are various security jobs you could do instead of this one. Is there something specific about the work at this
college that you like? Is it just a job for you or do you have a particular interest in it or ties to
this place?   No, it's just a great campus. So many crazy things happen in the world today,
            and they can also happen at universities. Luckily we haven't had such prob-
            lems yet—knock on wood! And it should stay that way. It's just a great cam-
            pus and it's wonderful to be here. Who wouldn't want to work every day at
            such a place. It's wonderful. I feel safe and comfortable here. I really like be-
            ing here.

You just spoke of "crazy things" happening in the world. What exactly did you mean by that?
The economy? Criminality in general?
            Well the crimes at schools and such. Shooting and all that. We don't have
            that kind of thing…well, we haven't had that kind of thing till now…What I
            mean to say by that is that it's just a very safe place.

What do you mean with "shootings" even "in this area?" At high schools? Or in the United
States   In the United States. I think at the high schools here they've only had bomb
in general?   threats, where students think it up…to get out of class. But we haven't had
            those kinds of problems yet…And that's why lots of people come here, be-
            cause they consider it a safe place…without other alternatives…more than
            the junior college…it's really a great campus. They've really outdone them-
            selves with this place.

And earlier you said that you've been here since almost…
            …For almost twelve years.

Can you say something about the changes here over the last twelve years? Because lots has
changed here. Maybe on the development of the buildings—some of them are completely
new…I assume you've witness many changes here. Can you describe several of them?
            Well, since I've been here they…the dentistry building was built and opened
            when I started. This was followed by the building for nursing studies, which

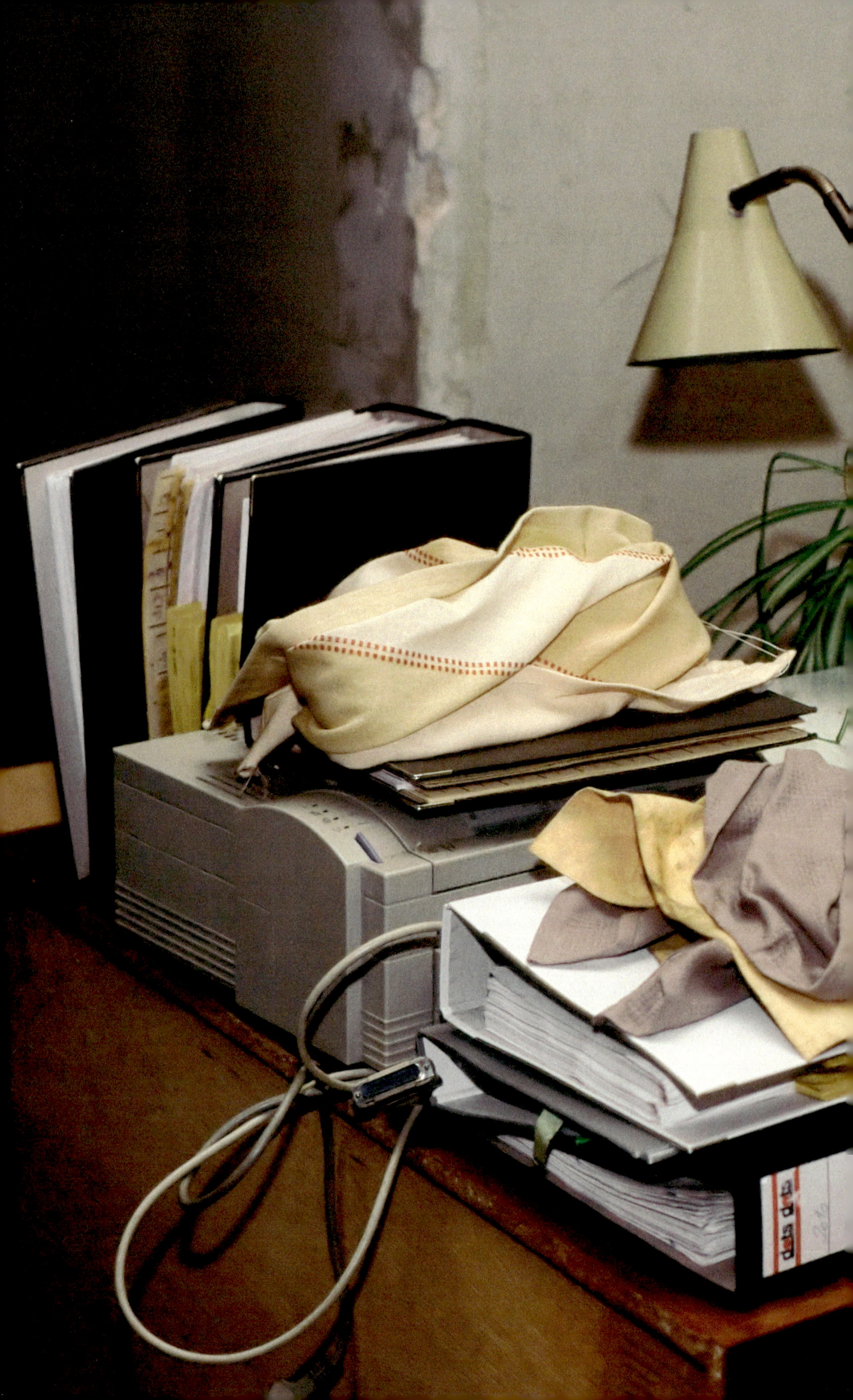

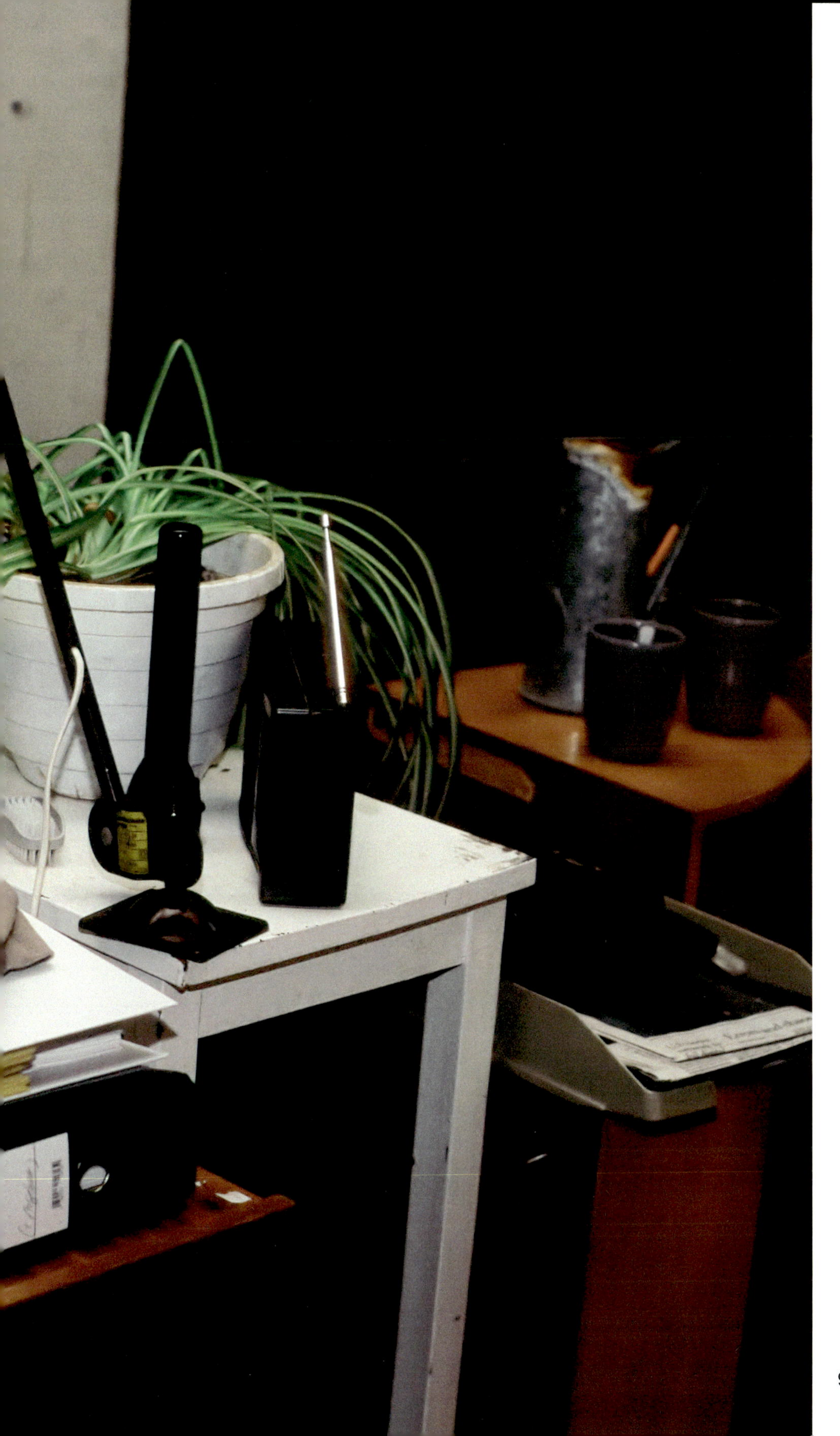

is really quite popular. The football field was modernized, there happens to be a super football team. And they stared to renovate many of the buildings. The auditorium is half done. And the swimming area. And I think they'll tackle a couple other buildings soon. ??? [20:41]. A lot has changed here. The palms / conifers are nice, and the fountain. Back there they added a pond, which is also nice … So one thing leads to another … They'll need to buy new land to be able to add new buildings [laughs]. There's also talking about building student dormitories. Up till now they've been outside. This way they improve constantly, one after another.

Does this influence your job? Or rather: to what extent does it influence your job? All the improvements. You say it's a pleasant place. Does this contribute to your wanting to stay? Or would you want to regardless? How do you evaluate this development of the campus?
I'm doing well here. If the campus expands then there's also more people coming here and run around, at least during the day, and who have to be taken care of. But it's a great place; if I had my way, I'd stay here forever.

When you say "more people are coming here," then you mean that more security will be hired, right? You said that when the campus expands then there's also more buildings that have to be taken care of. So did there used to be fewer guards than today? If yes, how many people were there before and how many today?
Well we didn't used to have nearly as many as we do today. But with all the changes in the world they decided to hire more security. There used to only be around four people here during the day and today it's seven or eight. So more people go around the buildings and are on the parking lots…for safety.

And in your opinion is safety a big topic here? Does the university or college administration devote a lot of attention to the topic, with all the changes? Is it an important topic?
Oh yes, it's an important topic for the university. Our team grows each year. We've grown significantly this year. We adjust the number of security to the amount of people here … and on campus they value that. The students value our presence because that makes them feel safer, above all at night, when they're walking to their cars alone. They feel safe when they see someone sitting there and keeping watch.

So it's a kind of passive part of your job here to just sit there and be visible?
Oh yes, visibility is the main thing.

So it's something you talk about with others? You just called it "visibility," being out there, being visible… Yes.

I already asked you but have there really been no incidents or emergency situations during your job? No, actually not. There's just no one there who could cause a problem. Sometimes something happens during the day, there are more people around. But there are actually no problems during the night shift.

You've never witnessed someone breaking in or something similar?
No, that's never happened.

And the campus doesn't have a gate that can be closed? There used to be one …
Yes, there used to be one. A cast iron gate at the south entrance of the campus, which was closed at night. But they removed it.

So it's theoretically always open. People can also come here at night, but they would be seen.
??? [24:40]. At the other entrance to campus we only have to watch who comes in.

Are there also other people who work at the college and stay late? There's also night classes.
But most people usually go home after that, right? Are there students or instructors who
stay here late?   Once in a while an instructor stays late to take care of paperwork or such. Or
students taking part in a tutor program. Or they come in the morning to do
their ??? [25:25]. But normally there is no one here. Not till early in the morning.
Okay … Is there anything else you could tell me about your profession? About your night
shifts? You work from midnight till eight in the morning?
Yes, I do now.

So it used to be different?
Yes, but it changes from time to time. It always depends on your superior.
Sometimes it's from eleven to seven. Sometimes from midnight to eight.
Sometimes we start at the half-hour. One time it's 11 o'clock, the next time
11:30. So it depends on who's in charge of the shift or the main person respon-
sible, what they want. ??? [26:16]. That's the way it works.

Is the person in charge of the shift your boss? Your direct superior? Is that the person sitting
in the building over there?
Yes, he has his office over there. He's the main person responsible. I'm in
charge of the shift. He's responsible for all of us. And then there's a person
from the college over us. So we have two bosses. Ours and the one from the
college.

There is "Securitas" printed on your work jackets. Is that an external company? Or a brand?
Could you describe it? Do you work directly for the college? Or for this company, who is the
one that has the contract with the college?
We work for Securitas. And they sign contracts with a third party. So at the
moment the college has a contract with Securitas. And if it changes to another company then we normally get an offer to get a position here with the
new company … if we want to stay. I've already done that a couple times because I like being here. So I just go to the next company and sign a contract
with them.

So your direct employer changes …
That does occur. Otherwise I'd have to change my place of work when the college gives the contract to someone else and I want to stay with my employer.
But I like the surroundings here. So I've already preferred to change em-
ployers a couple times.

And are there big differences between all these individual companies? Why do they change
from time to time?
??? [28:20] … a different contract. Then they decide to pick them.

And are there people here who have been here as long as you? Or is there high fluctuation
with this kind of job?
??? [28:49] … But there were always a couple people who were here longer
than me. But they've left recently … So I think by now I'm the one who's been
here the longest. The others have been here for a comparatively short
amount of time [laughs]. They haven't been here for long at all.

And when new people start here, is it your job to show them the ropes?
Only if the work on my shift. Most of them work during the day. Then they're
usually shown around by the shift manager or someone like that. One of the
others who works during the day, is already around quite a while. He shows
them ??? [29:24].

But Elli doesn't exist and she doesn't get any percent and she doesn't hold any hands and we can concentrate on our duties.

And because you're the one who's been working here the longest: what are the reasons why other people quit? Do they have difficulty to get used to the work times or do they just not like it?　　　　　Sure, they do like it…I don't know exactly. Several are a little older than me, so just retired. ??? [29:51].

You said you've been here for twelve years. How long do you think you'll do this job?
　　　　　Till I retire…if I can…that would be nice.

Are you satisfied with your job here? Is it a secure job? Or are there also risks? You spoke about changing companies the college signs contracts with…Or do you have an unlimited contract here? Do you worry about things like this or is your job relatively secure?
　　　　　The contract is re-negotiated about every three years. And if the college decides that they want a new company than they can generally say that they want to keep certain people. And they just switch to the next company…and I try to do that. So I think it's secure in that regard. If people like you then they also want for you to stay…So I just switch from one company to the next if need be.

What kind of relationship do you have with your bosses? A good one? You probably don't see them very often because you work nights. Are there also conflicts, or does everyone in your team get along?
　　　　　Most people get along just fine. But because there's so many new people here it's sometimes ??? [31:40]. But in regards to superiors, I get along with them. We joke around. We see each other in the morning, when I go home, and we make our jokes. We get along great.

You already mentioned it earlier: how does the communication on walky-talky's work? Do you have to check in at certain times? Can you describe how the communication with others works during your shift?
　　　　　We stay in contact with the person in headquarters. That person makes sure we are doing fine. Normally we let them know when we go into a certain building and which building we happen to be in, so they know where we are if anything would happens ??? [32:23]…We radio back and forth and in that way know that everyone's fine.

So it's easy to communicate with one another because you can't see each other. You check in from time to time…
　　　　　??? [32:43]…Then we leave the building, let them know that we're leaving the building, and go on to the next building…and check in again when we're there.

So if everything goes normally then you don't have to report or do anything special. And what do you do if something unusual happen? Do you just write it down on a piece of paper? Or do you have to notify someone? Is there a standardized protocol you have to carry out?
　　　　　That depends completely. If it's something where??? [33:23] has to come out in the end. Or if it can wait till the morning. Then we just report the problem to headquarters and ??? [33:30] isn't necessary. And then they come and take care of it.

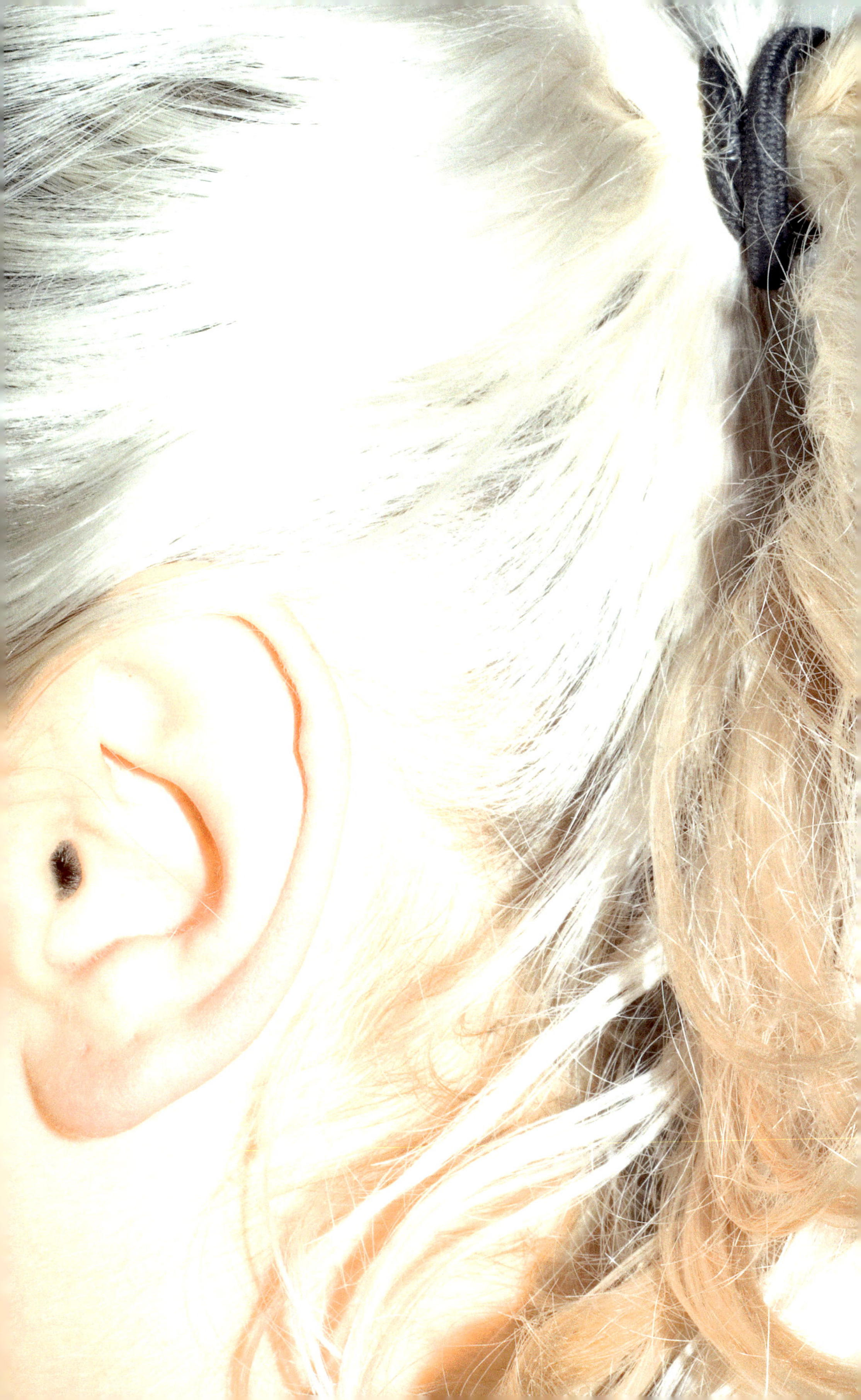

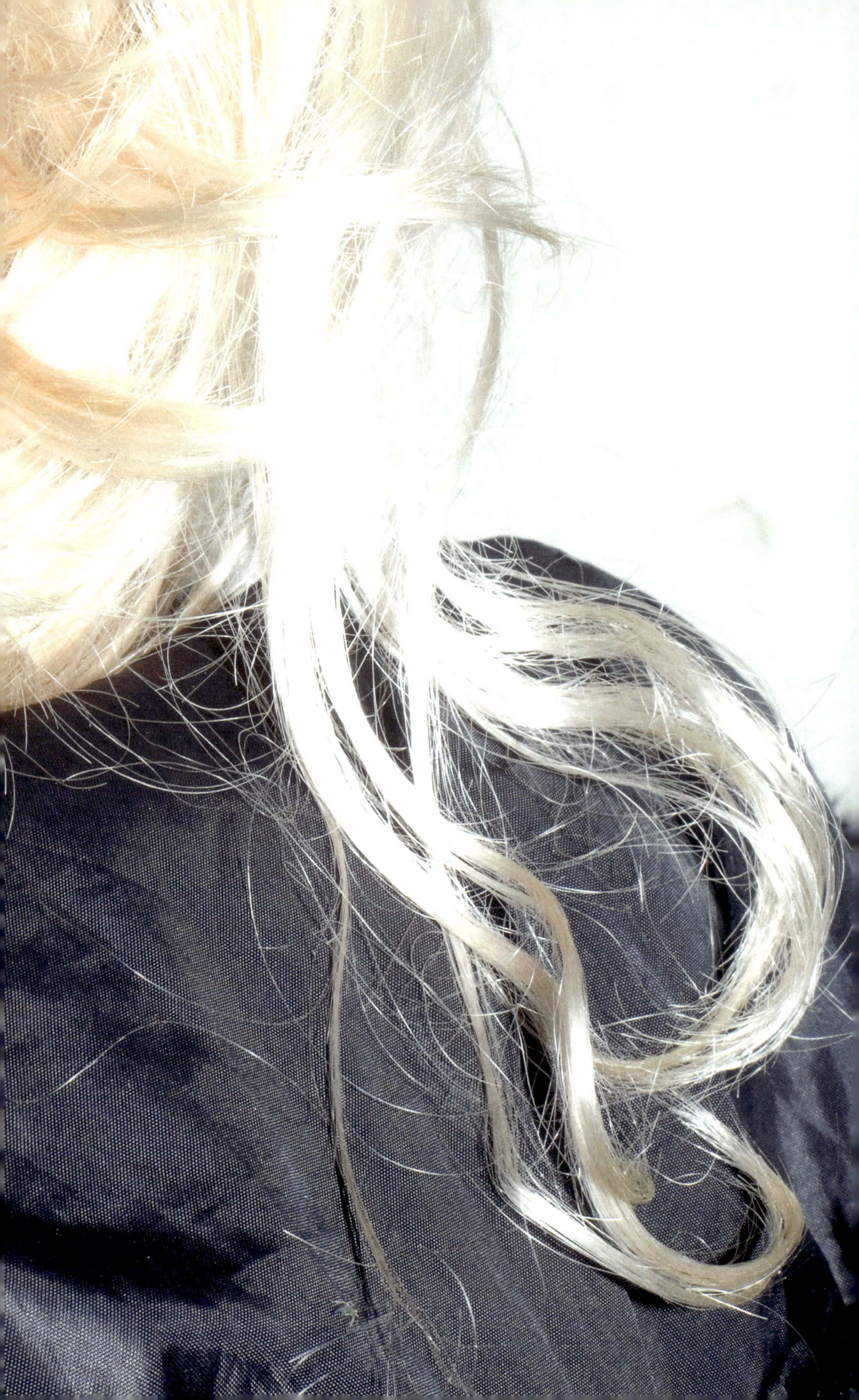

Well if she did exist, then there would have to be
a show trial, because we, which is also Kim, are
responsible for public relations and secrets.
Kim would have posted the complaint on seven trees
on the mountain. Elli, if she was named that, what
she would do, would be to be led before the cliff for
the trial.
We would be called as witnesses, because we also
means Achim.

Before you said that working at night doesn't present any problems for you. You even like it
because it's nice and quiet. Did you ever think about it before your first night shift? You said
you had switched. Any reason in particular? Here it's more unusual and the opposite of most
people who work days. Did you ever have particular interest in working night? Or did it just
happen?   When I started here I only worked weekends. At first also night shifts. After
                two months they asked me if I want to work days and more hours. So I moved
                to the day shift. I eventually received a full time position. And then, after six
                years, I changed companies. And they decided that two people should work
                nights. It used to only be one. And I was signed up for the night shift. At first
                I thought it was dumb, because of sleep and all. But then I liked it. When they
                asked me if I want to change again, I said: I'm staying with my night shift.

So you were already asked if you want to switch again?
                Yes, three times. And I told them: no, I like the night shifts. I want to stay.

Is there something like a hierarchy here? Do employees have a higher status in your team after they've worked nights or days? Or why were you asked if you want to switch? Is it hard to
find people for the day shift or the night shift?
                Several people would like to have different shifts. Several people who work
                days might prefer to work evenings. But there aren't many people who want
                to work nights. It just depends on what they want. When they need more peo-
                ple for the day shift then they might possibly switch some people to that
                shift.

So there are three shifts overall? And over time do you work your way through every shift or
mostly nights?   Only nights. Unless there's some special occasion I'm needed for during the
                day. For example, when the summer term starts I'll probably be here some
                during the day. To help out on the parking lot and to show the students the
                way to the right building. But normally I always work nights.

Concerning your rhythm between work and free time … do you always have something like a
normal weekend after you've worked? What does that look like?
                No, my days are always the same [36:35]. So nothing changes there. So I can
                always plan something, sleep when I want … there's actually no routine there.
                I just do what I feel like, when I can.

We, which is also me.
I receive a percent and patrol in front of the mountain
before the sun goes down, I don't carry a weapon,
I read stories against the mountain and determine the
weather. I determine the colors and name the
materials, I light the fire in all weather conditions,
and I follow Kai.
I smell everyone and determine the scents. I preserve
the fish and collect herbs.

Your night shift is as good as over now. How do you structure the rest of your day if you have
to work tonight and the night after that? Do you go home and sleep? What does your day
look like after work?
Normally I go home, eat breakfast, watch TV or something, take care of whatever has to be taken care of. I usually don't go to bed before afternoon. And
then I get up when I have to go to work, get ready and here by midnight.

And do you come to work with your own car or with the campus security vehicle? How is that
handled?   I drive here with my own car and drive around campus on the security car.

Okay. I think I don't have any more questions. Is there anything else you'd like to say, from
your side?   No, I think we've covered everything.

Thank you very much.
You're welcome.

It was a pleasure to meet you.
For me too.

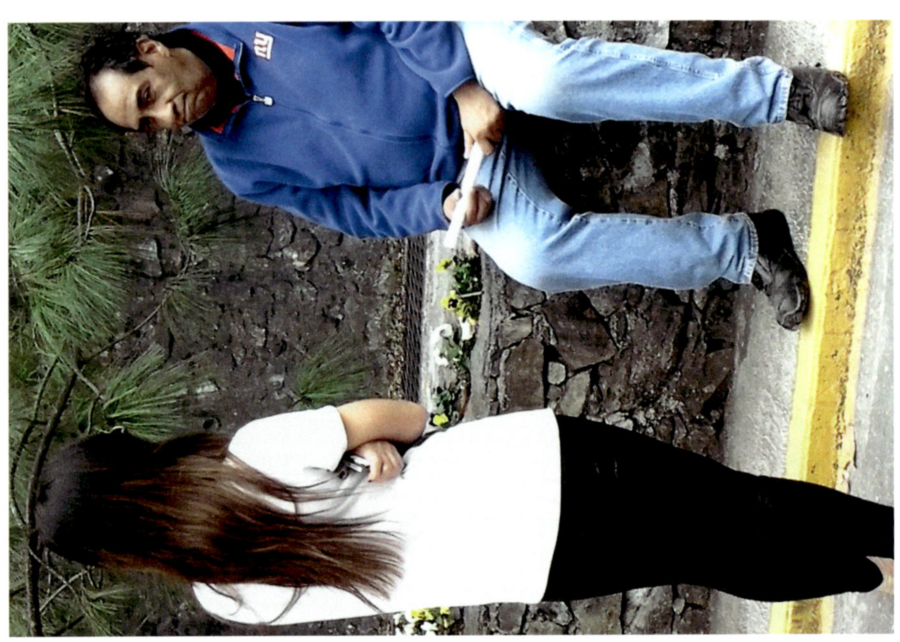

Five years, exactly right.

And has anything crazy happened to you in these five years?
Well, relatively crazy and above all, with the uncertainty, the things are always crazier, most of all, the people are very unpleasant. People that show how things could go differently, but ok. You have to get used to everything, right? Being a night guard is a nice profession because you ultimately work at night, at night you have a lot of calm and the streets are very beautiful at night. It also has its unpleasant sides, but who cares. Well what are those unpleasant sides? That you can't sleep! Sometimes you get sleepy, right?!

Strenuous?   Yes, precisely, that's the way it is! You have to pinch yourself a couple times, right … even more often after three in the morning … but ok.

And did anything funny happen to you?
Funny? That happened to me? Well, actually the funny thing that happened to me is that I fell asleep. Right here, my boss caught me and said: Ahhhh, I see you're a night sleeper!! And I told myself, Ciao, crap, this guy won't pay me for this day, but he was super cool and paid. No problem, but he said, what's the deal with you sleeping at night!?!

Imagine you could choose someplace in the entire of world where you could spend a night as a night guard. Where would you like to be and please describe your expectations for this place.   Let me tell you something; everyone is born with certain skills. Everyone is born with certain skills. Maybe I was born to be a night guard, others might be born to be a gardener or another guard, but not a member of the Mexican national football team. It definitely isn't for everyone, no, no … but I have resolved to be a night guard because … as the song says, at night you can look at the stars, you can admire the moon and see the firmament. Things you can't see at day. By day you always only see the sun and even more so in hot places like this. Where you can only sweat … at night you have a lot of silence.

Much silence and a pleasant ambience.
Complete silence, yes! Total transcendence of the soul and of the soul, that is what the night gives you. That is why the night is something very beautiful and has something calming, a beautiful existence. I would say that recently, climate changes make many comets visible and there are very many of them. Sometimes I confuse comets with airplanes. One sees a plane and think you're seeing a comet, you've surely noticed this, right?

Yes.   When I was still a child and saw a plane, I thought what all children think … and what do all children think when they see a plane? [Wooowww … unintelligible because of cars]

Wow, it is something very, very big and it doesn't have any limits!
Limitless, that's the way it is and so it is working beautiful nights. By day everything looks so sad, right? But at night you see what your soul would like to see. At night, really! By day everything is so unpredictable, so restless, you go from one place to the next and you don't enjoy life … but you can enjoy the night.

I would have liked Elli very much and that's why I would have sworn that she also held my hand, not just Achim's.
Although it's not true, if it had been true, if Elli would have existed, who never existed.
Elli would have been convicted for violating us.

Winston and Arno would have laid Elli in the river till her medals had flowed into the sea, at the cliff we would have let a requiem fall into the sea and would have gone on the hunt without any memory.

We wouldn't have been able to forget Elli! We would have listened to my stories, which aren't stories, we would have listened to Kai's truth, which isn't the truth, we would have turned our back on each other while sleeping, we would no longer go to the top of the mountain, which would become lower because its foothills would sink into the sea. We wouldn't find our way to each other.

We shouldn't have forgotten Elli. We lie in the sand and do not speak, light dances on the clouds in yellow hues, it smells of seashells and creatures of the sea weed, but we don't believe it.
Kai calls out a patrol, but no one follows him, everyone remains lying on the sand, which is as yellow as the clouds. Arno resigns his position and leaves the mountain. He walks into the water, his short sword raised in the air.
Winston doesn't do anything, which isn't unusual.

At night people start to question things and value things...
> Exactly, they start to value what is really important and value life and even more when you find yourself in nature, wow! That's the best thing, seeing the fireflies, how they just glow away. Fireflies are something gorgeous, they illuminate your life in the night. Unbelievable, it's something very beautiful. Gorgeous and really almost indescribable...because they glow at night and not during the day. They are the night guards of the habitat. They're there the whole night, scout us, look what we're up to, watch over us. That's why I feel as if we're astronauts. For me they're the night guards of the habitat [laughs].

It's really something very, very beautiful...
> Yes, it truly is.

Here you feel very much at peace, and above all here where you can enjoy a view of the city. Many people would give a lot to have moments like that.
> Above all, when we know what we should value. That's what makes an intelligent night guard, right? Once I even noticed how polluted the air down there is. How the people there live...

Yes, the air up here is very fresh...
> That's why I'm fascinated to be a night guard.

Yes, here you're really in love, with the view, and everything.
> In love with everything, the Spanish word for night guard come from the word for flame/candle. A candle is lit at night and put out during the day. A big discovery, right?! [laughter]

I've never thought about it...
> We've never seen a candle that was lit during the day.

Yes, of course.   That's why the concept of night guard arose [in its Spanish usage].

Great, how beautiful.
> That's the way it is.

Okay and continuing on. If you had the chance to choose a city or anywhere in the world to be a night guard, what would you like?
> Mexico, no question. Mexico is a beautiful country. I don't know if you still remember the Mexican Republic from fifth grade, where they presented Mexico as a great cornucopia and it really is like that. The Mexican Republic is the great cornucopia of riches and that's the way it is...In reality I never went to school, in reality I failed the fifth grade, and that's why I can remember it so well. I had geography, biology, and history in grade school and what impressed me the most was the riches of Mexico. I didn't go to college but I liked to read and I learned the most at night, most of all without being interrupted and with the habit of listening to the cicadas. What a beautiful song they have [laughter]. Sure, you can learn a lot at night.

Yes, people don't get tired of learning at night...wanting to keep learning is inherent...
> Yes, it's about culture...

Yes and also the entire world claims Mexico is one of the most beautiful countries, it simply has everything. The nature...
> The mountains, the beaches.

Marvin

Marvin falls through the water and pulls the cord a moment too late. He gets wet and is afraid and then he's also dead.

Marvin was only awake in winter. Marvin's too busy in summer, he meets up with friends, which was always a little bit of work, but the good kind. He skims through one, two newspapers every day, and he's very well informed. He lies down in the fields of flowers, outside, but he also drinks beer while doing so, he constantly eats snacks, and then something big in the evening. And he talks on the phone with co-workers, who are also his friends, in a way. But he also walks through the streets and kicks bottle caps over the pavement and then eats a snack and goes into a boutique. And in the morning he doesn't make his bed, but in the afternoon, when he's home, then he throws back the covers, and places them lightly on the edge and treats himself to a beer. And he goes swimming, Marvin, he jumps from the three meter platform, lets his skin dry in the sun and eats a portion of fries with mayo. But he also rides his bike to the lake and meets up with friends, who are also his co-workers, and they talk about parachuting and black-and-white photography, everyone drinks beer. But he swims in the pool and in the lake, and in the sea, and during the day, but Marvin also thinks about the imagery of things and about the imagery of summer. And Marvin also sees a sunset too, with his friends, drinking beer at the lake. And when Marvin has to go to the doctor, he does it in winter, but in winter it's quiet.

Beautiful beaches.

The rivers, the natural landscape. It's really nothing anyone would want to trade?

No, not at all.	Everyone want to move to Mexico, right? And that's good, they should come. You have to recognize a country for what all it gives.

That's the way it is, the country is unbelievable.

That's the way it is … and most of all the people!

Yes, that's right. Good, that's something wonderful!

And is there anything else in this night guard room that you like in particular?

I have a picture of Our Lady of Guadalupe. Our mother, the Holy Mother who watches over all of us. I'm a Catholic and when I had my first communion people told me: you're Catholic, Apostolic, and Roman. Last of all, I'm Mexican. [Laughter]. That's why a picture of Our Lady of Guadalupe. I speak to her every night, so that she watches over me, protects me and always accompanies me along the right path. It is a prayer to mother nature, assuming you pray to the Mother of God, because Our Lady of Guadalupe, as I see it, is the patron saints of nature. Why of nature? I don't know if you know the story. She was born on the hill of Tepeyac and the most beautiful evidence Bishop Juan de Zumarraga had, a proof that it was the truth. It was to present flowers from a place where there were none to be found. Red roses and that makes the whole thing beautiful.

How nice. Can you tell us about something that frightens you at night?

What made me afraid at night was a bear. In this area where I work there are many bears and now they pay close attention. They come from …. For me the bear is very attentative. They come down here. For me the bear is a very careful creature and because it's black, you don't see it walking around at night. Because I sit a lot, you have to get up and do your rounds, due to varicose veins [laughter], etc., and then you have to walk in a counterclockwise direction to get into swing. Then you go for a stroll and imagine that, all at once there's a black bear, and me, dark-skinned. We disappear into the darkness and run for your lives. You have to save your life, right.

Besides, you can't do anything to the bears, it's a part of nature.

They recommend people to stay calm. You see it and get a huge shock. [laughter] But ok, you have to stay calm. If the Virgin is watching over me, like she should be watching over everything, then everything has to be ok. That's part of the fun.

Yes, later on you'll tell it as an anecdote.

Yes precisely, that's the way it is, but it's cool. It gives life that special kick. For life to stay the way it should it has to be constantly changing. A monotones life is uff … someone's bored. You're bored and in reality you die. Many people are the living dead.

Yes, you become disengaged.

Precisely, you lose your interest in life.

Sure	There are plenty of people who aren't in sync with nature and don't like being on earth. They're afraid to take a watch, most of all without mobile phones …

Yes, those devices make us dependant.
But ok, that's part of the fun …

Can you tell me the five most important elements of being a night guard?
The most important characteristic of a night guard is that you like it, to have passion for it.

Of course. If you have passion, that's the most important. Having passion for what you do. Passion for what you experience. To be a night guard you have to have passion for it. Secondly, you have to have patience, lots of patience. What I've noticed it that the darkness makes the night long and that's why you have to have passion, you have to have patience, you have to be attentive. Having lots of love for your work, right. You also have to accept that it's your profession, which you have to fulfill your entire life. If someone has to carry out their profession their entire life it's ehhh … I'll learn something without wanting!

Of course it's better to do something you can enjoy, rather than something you don't enjoy and don't like to carry out. That's the way it is …
And you're aggrieved.

And beyond that, you get upset, and upset at yourself and your surroundings. Everything envelopes you. Exactly.

And what do you do at night, when it's completely silent. When nothing happens.
I believe I already mentioned it before, I start to read, reading cleanses your understanding and when you cleanse your understanding you give yourself power, life power. And last but not least, we surely wouldn't be having this nice conversation. It would surely be a very boring talk …

Shuttered. A shuttered conversation and sad, without understanding. Beyond that, I was born in March, 1955, around five in the morning, and only attended grade school through fifth grade, which was my main task in the context of this evolution, as people say, is determined by the time that you were born at, and with me it's five in the morning. That's why I reach my highest level of concentration, my highest activity at this time of day, and that's why when you, your understanding is this …

It's pointless to ponder what he said. In contrast, it's clear what one can hear. The rumble of traffic. The image arises in that Javier moves away from both of them with his camera. Abandons the conversation to create an image. It's slightly shaky and yet stabile. Javier, you good guy. He wants to illustrate the situation and demonstrate it with the whole body.

Instructions
Mexico
Others
Also

Clear

Completely

Marvin had seen a bloody mole in summer and noticed it in winter.
At some point the mole stopped bleeding.

Memory. …this element of creativity, the imagination, thank your understanding for that. In the end, when I was younger, there was nothing but the radio, there was no television, and we had novels. The novels were radio novels and you have to imagine everything. The radio novel, what it is called again, the novel of the glass eye…there you have to imagine everything, every little sound, everything revolves around imagination.

And now we are very limited, thanks to technology. We have to get back…to open up understanding. That's the way it is, right…in the end, when you seriously nourish your understanding with reading, then it's thankful for it. You just have to read more and it will be thankful and you know who will be the most thankful in the end …the German. At the moment in this world there's a sickness by the name Alzheimer.

Ah, yes… …and the [in Spanish] "the German." [Laughter] They say you have to read and read in order to not get Alzheimer…but not read superficially, but rather mentally…

And understand. …and you have to understand and read aloud, we hardly ever read aloud, we hardly ever speak…

Yes, unfortunately not, it's true and rather crude… That's the way it is, and that gets lost in life. That's why I love nature, even if they call me the night sleeper.

How cool, one learns from what one sees, from the people who pass by and everything. That's the way it is, I've learned a lot and you enjoy interacting with people. In this case, I'm…I'm going to be 59 years old soon and assume that you're about 20 years old?

Clear

Interview

Nights
Absolutely

Images
No

Place of work
Absolutely

Mail
Coming

Large
Very

Amazement
Question mark
Head

Open

Seeing
Yes

Hearing
Also

Seeing
Question mark

Day
Yes

Marvin doesn't have a favorite movie, just lots of them.
Marvin runs 100 meters in under 20 seconds.
Marvin didn't have any hair on the back of his head.
After the chemo Marvin grew hair on the back of his head.
Otherwise the chemo was useless.
Marvin doesn't smoke, Marvin hates the night.

18. 18 years! I'm 58 and you're 18 and we understand each other … with 50, no 40 years difference and I really enjoy that.

Yes, me too! And do you like your uniform and everything? Or can you actually dress as you like? They give me the freedom to wear what I want, my own closes. I don't know, but look. I really like the color blue and steel blue even more. But I wear what I want, but what's even more important than the uniform that you pick is that the person should act like a night guard, causing trust that they will watch over you. I believe that the uniform is secondary.

Yes, the thing with the uniform isn't the fundamental thing that causes security. It gives you an identity, nothing more. But the most important thing for being hired is to show that you're a trustworthy, valued, honest and transparent person. That you like to talk to others, that you watch over people and then you have secured a job for the rest of your life.

Exactly and that is shown with personality and character, right. Yes, and most of all when you're sympathetic and funny.

Sure, we have the person … just like he is. That's the way it is, precisely, and the boots are comfy …

Yes, they're comfy … hey, it was an honor to get to know you. Oh give me a break, the honor was mine, talking with you and learning something about life from this conversation. You learn something from every conversation.

Place of work
No

Feminine
Figure
Important
Apparently
Connecting
Question mark

Interview
Question mark
Also
Figure
More important
Apparently

Content
Present
Already

Joke
Question mark

Javier
Question mark

Laughing
Finding
Interaction

»Basically cells live one day long,« the doctor said. »When the night comes the cells commit suicide. Day cells, so to speak. But several of the cells love the night life. And they go out at night and have the times of their lives. They surrender to the night, the darkness, the shadows. The doctor slowly pulls the glasses from her nose with two fingers, folds them, and pushes the frame into the chest pocket of her white coat. She takes a pen from the table, taps absentmindedly on an envelope and looked at Marvin over the desk, which suddenly seemed very wide. Then she stood up from her chair and pulled an x-ray from the envelope. These shadows here,« she said and held the x-ray in the air, »That's where they're having their party.« Marvin likes the story with the night. He likes the doctor. But he doesn't understand what all this has to do with him.

You learn something from everything new.
    You learn something new from everyone. Good or bad, you learn. Bring the good, you take away the bad, and you take the best you can from the bad…

You always have to make the best out of everything, even from the bad.
    Even from the bad, exactly. You have to make the best of it because in the end, people aren't bad.

No, there aren't any bad people.
    No, those don't exist, right? Many people are so…

It's the situation.
    But as soon as you actually talk with them you notice what kind of generosity is in their hearts.

Everyone has a heart.
    Exactly, they all have a big and beautiful heart.

Yes, they're just that way, but they're actually not bad…
    You have to love those people even more. If we would only love the good people in the world, life wouldn't be worth living.

Marvin thinks that the night is like winter and summer like the day. He also thinks that parachuting is like sex and diving like a blowjob. He thinks that cats are basically like dogs, that it's fairly embarrassing to compare cats with dogs, and that people could maybe invent a new word for both, cogs or dats. But he thinks that beer isn't like wine and that wine isn't like booze but everything was a little like water and that you should swim in water rather than money. He neither thinks that all shadows at night are parties, nor that the eyes are the window to the soul. The location of the soul is, as he thinks, better found in a philosophical dictionary than in any human body part. And the meaning of the world is more in the world than in the head, or in the heart, and not in a bloody mole, of all places.

Marvin feels his way over his body, from top to bottom. He falls asleep, his left hand on his left big toe.

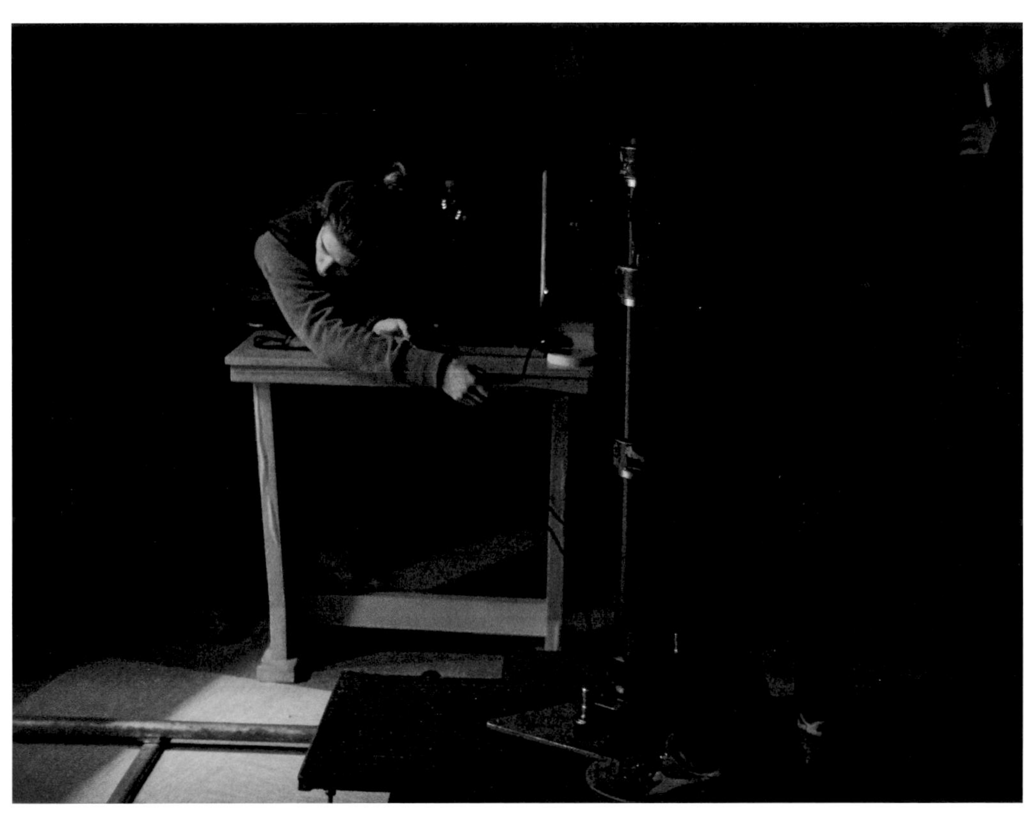

Marvin once saw someone beating a street sign.
With his fists.

Marvin once crashed his bike and no one helped.

Marvin once touched the most beautiful breasts that
he had ever touched.

At some point in the air, somewhere between the
plane and the field, in the night in the sky, Marvin
knew that he had cancer. Of course he knew it
before, otherwise he wouldn't have jumped out of
a plane that night, with a parachute slung over his
shoulders as loosely as his linen suit coat that he had
to wear at the wedding of two friends in August, on
the hottest day of the year. But in that night sky he
got it, the words reached him and he really knew
about the state of his health. And then it wasn't so
bad anymore. He had always thought that he would
hang himself one night in the winter, jump out of a
plane, or drown. He never would have guessed that
he would die of cancer, which in reality happened,
even though he just jumped out of a plane. And he
thought that maybe, now that everything wasn't so
bad anymore, then he could try life again, swimming,
drinking, going to a wedding. And suddenly the story
with his doctor didn't seem less beautiful, but still
unpleasant and he could ask her if she didn't want to
get a beer with him, but then Marvin was already
dead.

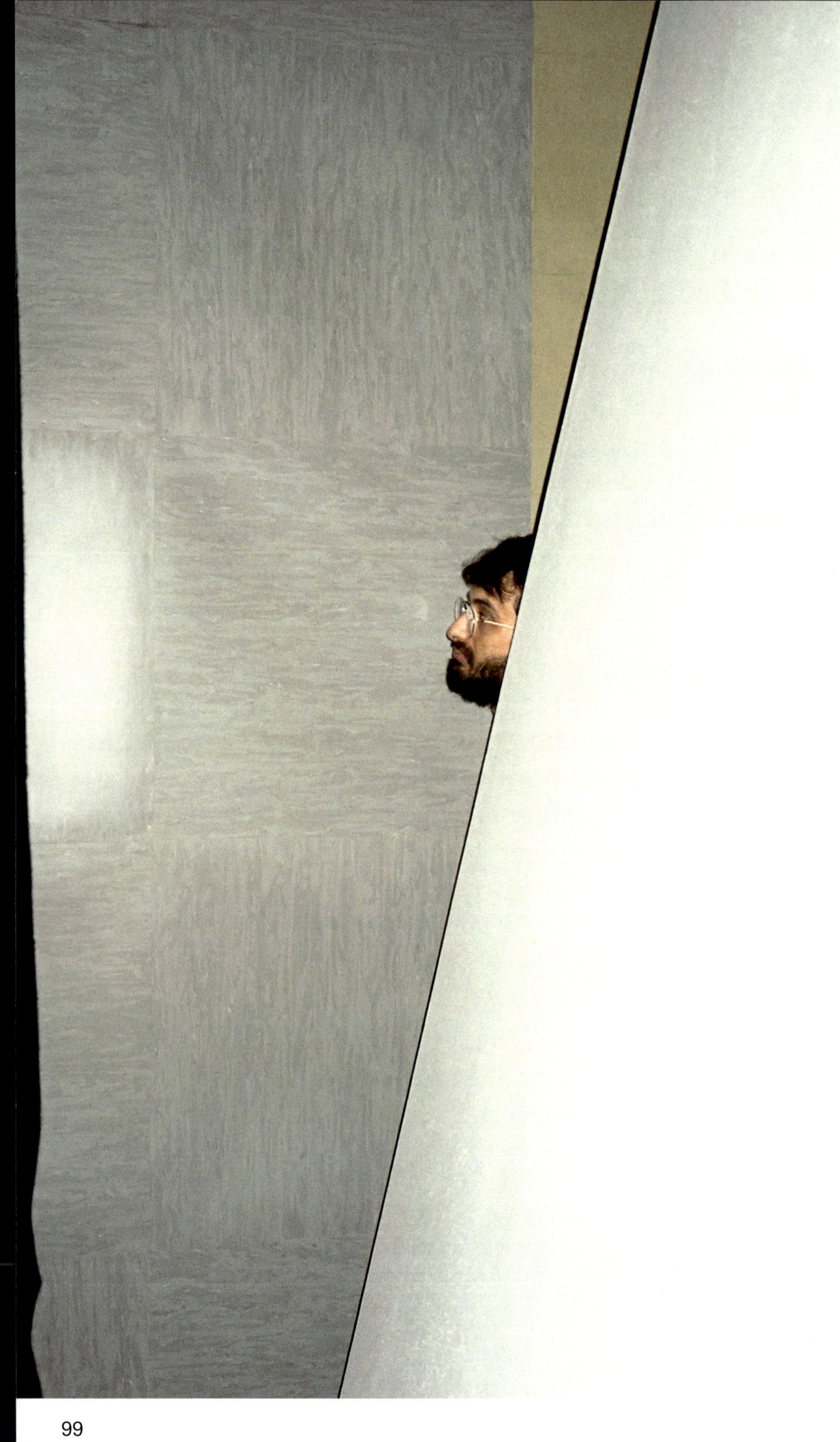